Tuto Assad
Emprendedor, inversionista y autor

www.tutoassad.com

Instagram: @tutoassad
LinkedIn: @jesusassad
Facebook: @tuto.assad

Courier 12 Escritores – Coordinación editorial
www.courierdoce.com
Instagram: @c12escritores

Mónica Pérez Vázquez – Diseño editorial

© Tuto Assad
© Prólogo: Pato Bichara
© Portada: Mónica Pérez Vázquez
© D. R. 2018, Tuto Assad

Las características gráficas y tipográficas de esta edición son propiedad del autor.

Todos los derechos reservados. Queda prohibida la reproducción parcial o total de esta obra, por cualquier medio o procedimiento, comprendidos la reprografía y el tratamiento informático, la fotocopia o la grabación, sin el permiso previo y por escrito del editor.

Índice

- **15.** — *Startup*
- **25.** — Trabajando como perro
- **39.** — Capital emprendedor
- **47.** — La importancia de un mentor
- **55.** — Nota convertible
- **67.** — ¿Cómo valuar una *startup*?
- **77.** — Las primeras reuniones
- **89.** — *Growth hacking*
- **97.** — La estrategia del *fundraising*
- **121.** — Levantando la lana
- **137.** — ¡A darle!
- **145.** — Todos suman más
- **153.** — La receta
- **157.** — Epílogo
- **159.** — Glosario

Sobre el autor

Me diagnosticaron diabetes a los trece años. A los catorce comencé mi primer negocio con la ayuda y mentoraje de mi abuelo, «Tito» Virgilio, un hombre que emprendió con éxito varios negocios en su vida. Desde aquel primer negocio he emprendido otros, la mayoría de ellos fracasos, de los cuales no me arrepiento, pues de cada uno me he llevado varios aprendizajes valiosos porque, como siempre he dicho, a trancazos se aprende porque se aprende.

Vivo en San Francisco, California y soy socio director de Toro Ventures, un fondo de capital semilla con el cual he evaluado más de mil quinientas *startups* de tecnología en etapa temprana e invertido en trece de ellas. Soy también director de fondos y vinculación con ecosistemas de emprendimiento del Tecnológico de Monterrey, cuya misión es conectar a los emprendedores Tec con quienes necesiten.

Tutoassad.com

Dedicatoria

Le dedico este libro a todas las personas que me han acompañado y apoyado en el camino como emprendedor, especialmente en este mundo tan extraño, incierto y cambiante, el mundo de las *startups* y el *venture capital*. No sé en qué parte del camino vaya, ni cuánto me falte, pero pienso disfrutar el recorrido igual o más de lo que ya he recorrido, porque las cosas se disfrutan más si se comparten con aquellos que queremos y apreciamos.

*Gracias a mi papá, por
siempre apoyarme sin preguntar.*

*Gracias a mi mamá, por
apoyarme de lejos y de cerca.*

*Gracias a mi primo, Bernardo, por
creer en mí desde el principio.*

*Gracias a Nanna, mi esposa,
por ayudarme día y noche.*

*Gracias a mi abuelo Virgilio, por
enseñarme a emprender desde chico.*

*Gracias también a todas las personas que me
ayudaron a escribir este libro ya sea con sus
historias, consejos, experiecia, lectura, revisión,
edición, diseño e ilustraciones.*

Prólogo

A Tuto lo conocí hace veintinueve años. Somos primos y hemos vivido muchas historias juntos: desde comidas familiares en casa de nuestros abuelos hasta, más recientemente, múltiples discusiones y reflexiones desde nuestra perspectiva como emprendedores en México.

Emprender ha sido la mejor y la peor decisión de mi vida.

La mejor, porque junto con un equipo talentoso, estamos construyendo las bases del futuro de la educación superior en México. He aprendido, aplicado y construído más en estos últimos tres años emprendiendo que en los diez que llevo de carrera profesional, incluyendo los dos años de mi MBA.

Lo peor, porque es difícil. No solo porque se inicia desde cero, sino porque incluso con camino recorrido, cada día, cada semana y cada año que pasa sigue siendo complicado. Cuando comencé Collective Academy pensaba que me iría acercando a una línea invisible (o varias) que cruzaría tarde o temprano y de ahí todo se haría más fácil: cuando abra el primer grupo de alumnos, cuando levante el capital que necesito, cuando tenga un equipo más grande... me decía a mí mismo. Lo cierto es que con cada solución llegan nuevos retos y eso es parte de lo emocionante de ser un emprendedor o trabajar en una *startup*.

Lo que Tuto ha logrado con este libro es ahorrarle errores comunes y darles lecciones clave a jóvenes (y no tan jóvenes) emprendedores que tengan el libro en sus manos. Quiero resaltar algunas de ellas:

1. Resolver un problema real: a pesar de que en los últimos años los conceptos de 'emprendedor', 'ecosistema emprendedor' y 'emprender' se han puesto muy de moda en Latinoamérica, se sigue pensando que ser emprendedor es *cool* y que lanzar lo que sea al mercado te convierte en un emprendedor exitoso. La lección que nos recuerda el libro es que gran parte de los emprendedores exitosos buscan resolver un problema real y construir una solución por la que el cliente esté dispuesto a pagar. He aquí la importancia de no perder de vista que el proyecto deba ser deseable (que el cliente lo quiera), factible (que sea posible su ejecución con tus capacidades actuales o futuras) y viable (que sea rentable y con un modelo de negocios sólido).

2. Firmar un acuerdo de socios: muchas veces por la emoción de estar comenzando un proyecto nuevo y por lo incómodo que es hablar los temas difíciles, se nos olvida definir ciertas bases del negocio (participación, responsabilidades, compensación, visión, entre otros) y, sobre todo, ponerlas por escrito. En múltiples ocasiones he visto proyectos superprometedores que se quedan en el camino porque, meses o años después, los socios no se pudieron poner de acuerdo en estos temas esenciales.

3. Levantar capital es un compromiso, no una meta: en México y Estados Unidos se ha vuelto común celebrar cuando las *startups* levantan capital. Sin embargo, lo que el público en general y algunos *founders* no entienden es que es un compromiso. Un compromiso social de trabajar juntos, al menos, por los próximos diez años. Un compromiso de regresar ese dinero al menos diez veces (con todo el riesgo que un retorno de ese tamaño conlleva) y que lo único que hace el capital es comprar tiempo para seguir experimentando y validando tu producto. Entre más puedas postergar este proceso (*bootstrap*) y conseguirlo de los inversionistas correctos con base a su tesis de inversión y elementos de valor agregado, tu experiencia de emprendimiento será mucho mejor.

4. **Equipo, equipo, equipo:** a fin de cuentas, una startup no es más que un grupo de personas que comparten una misión común, que intentan hacer un cambio para nuestro México. Si vas a reclutar y encabezar dicho grupo –como Nacho y Toño– o si te vas a sumar a uno, asegúrate de compartir ciertos valores y formas de pensar. Un buen equipo, alineado, sin importar su antigüedad y experiencia, te va a facilitar el proceso de construcción de tu proyecto y hará el proceso mucho, mucho más divertido.

5. **Volverlo a intentar:** la carrera del emprendedor es un maratón, no un *sprint*. En muchos casos son varios maratones seguidos. Es muy probable que tu primer proyecto no se convierta en empresa, que tu primera empresa no sea exitosa y que en caso de que lo sea, no te dé los retornos económicos que prometen las historias que se cuentan en Silicon Valley. Está bien. Mientras tengas presente que cada caída se vuelve una oportunidad de aprender y crecer como emprendedor, logres levantarte a volverlo a intentar, tarde o temprano lograrás construir algo grande.

Estas son solo cinco de las múltiples ideas que me he llevado yo, después de platicar con Tuto durante varios años y de leer este libro, *Emprender a trancazos*, y espero que el libro te sirva como reflexión y te ayude a seguir contestando las preguntas abiertas que todos los emprendedores nos hacemos.

Pato Bichara
CEO, Collective Academy

Introducción

Me di a la tarea de escribir este libro porque siempre había querido hacerlo. Hace unos años intenté escribir uno sobre diabetes titulado *La diabetes no me frena*, pero nunca lo logré, no me di el tiempo, me faltó motivación, etcétera. Me quede con las ganas de escribir un libro, seguí manejando mi diabetes, cada vez mejor, y pues ahora, después de varios años emprendiendo, ahora, emprendiendo como inversionista, me doy cuenta de que muchos de los emprendedores de países emergentes tenemos las mismas preguntas y nos enfrentamos a los mismos retos. Por esta razón decidí escribir este libro.

Casi todos tenemos acceso a internet y, por ende, a toda la información que queramos sobre emprendimiento, *startups, venture capital,* tecnología, innovación y demás. El problema es que la mayor parte de esta información se produce en y para **Silicon Valley** y regiones similares, donde existe un ecosistema de emprendimiento muy avanzado y fuerte, con muchos emprendedores que piensan en escala mundial desde el primer día, con tecnologías creándose en cada esquina, cientos de inversionistas queriendo invertir en nuevas empresas y más. La información es muy valiosa y la podemos encontrar traducida al español, sin embargo, no aplica para la realidad que vive un emprendedor en Latinoamérica y en países emergentes.

Es por eso que me di a la tarea de escribir este libro, un libro en el que respondo a algunas de las preguntas que nos surgen a los emprendedores cuando comenzamos una *startup* y buscamos inversionistas para nuestro negocio y algunos de los incontables términos que desconocemos al comenzar el trabajo de pedir inversión. Sin embargo, no quería que se volviera un libro académico o teórico, por lo que decidí entrevistar a algunos emprendedores e inversionistas que ya han recorrido el camino, quedarme con sus anécdotas y compartirlas a través de la historia de dos personajes y pintar la realidad de una forma entretenida.

Round 1

Startup

«Para ser campeón tienes que creer en ti mismo cuando nadie más lo hará».

Sugar Ray Robinson

Los clientes referían a otros clientes, la base de usuarios crecía, cada día vendían más y parecía que todos los clientes se sentían felices. La *startup* que comenzaron un año atrás, sin saber que eso era una *startup*, al principio parecía ser el mejor negocio del mundo y una idea fantástica —aunque muy difícil de ejecutar—, que en un corto periodo los haría millonarios. De todas formas estaban a unos cuantos días de quedarse sin dinero. Las utilidades brutas aún no eran suficientes para cubrir los **gastos fijos de la empresa**. Esta es la historia de la friega que se metieron dos emprendedores al arrancar su negocio y conseguir la inversión para continuarlo.

¿Qué es una startup?

«Una *startup* es una institución humana diseñada para crear un nuevo producto o servicio bajo condiciones de incertidumbre extrema».

Eric Ries, The Lean Startup

Mi definición de *startup* es:

Una nueva empresa innovadora, independientemente de que sea o no tecnológica.

Nacho y Toño se conocieron años atrás, en la carrera, mientras estudiaban ingeniería industrial y aeroespacial respectivamente. Ambos consiguieron un trabajo al salir de la universidad y, un par de años más tarde, decidieron comenzar un nuevo negocio, sin saber qué significaban los términos ***startup*, capital semilla, ángel inversionista,** *venture capital*, **etcétera**. Ellos simplemente contaban con una **idea** que parecía buena y decidieron asociarse con el objetivo de crear un gran negocio y volverse millonarios.

Dicha idea se le había ocurrido a Nacho, ya que él padecía diabetes y sufría un cierto **problema o** *pain* todos los meses. Cada vez que iba a comprar su medicina para la diabetes (insulina, tiritas reactivas y pastillas) tenía que ir a varias farmacias ya que una sola, independientemente de cual fuera, nunca tenía todo lo que Nacho necesitaba para el mes.

Por lo tanto, era personal, e imaginaba que muchas otras personas con diabetes también pasaban por lo mismo o les había sucedido algo así. Luego de pensarlo un buen tiempo, decidió hacer una pequeña **investigación** para, antes de invertir tiempo, dinero y dejar su trabajo, determinar si su idea era buena o no. Comenzó a contactar a sus conocidos que pudieran tener el mismo problema. Después de dos semanas logró programar cita con ocho personas, a quienes invitó a desayunar para platicar un poco sobre su idea y ver si esta les parecía algo interesante y si ellos podrían contarse entre sus futuros clientes.

Por fortuna, las respuestas de las ocho personas fueron positivas y dijeron que, efectivamente, la idea era buena, ellos padecían el mismo problema, creían que el negocio en la mente de Nacho lo solucionaba y ellos mismos podrían convertirse en los primeros clientes. A dos de ellos les gustó tanto que hasta le propusieron a Nacho asociarse de alguna manera.

Nacho era muy aventado y quería comenzar a hacer de su idea una realidad lo más pronto posible, pero creyó que ocho personas no eran suficientes para determinar si aquello realmente tenía sentido o no, por lo que les envió un mensaje de WhatsApp a los ocho pidiéndoles de favor que le presentaran a alguien más que pudiera sufrir el mismo problema. Dos meses después, Nacho se reunió a platicar con veintidós personas y se llevó una sorpresa porque no solamente pintaba una buena idea, sino que había aprendido bastante sobre sus futuros clientes y ya contaba con lo que parecía una base de primeros clientes muy entusiasmados con su futuro negocio.

Ya que definió y confirmó su idea, se puso a pensar en qué necesitaba hacer para emprender y operar la empresa de la manera correcta. Lo primero que se le ocurrió fue que le hacía falta un **producto**, si no, ¿qué iba a vender? Luego, un **canal de ventas**, si no, ¿cómo iba a vender?

Su idea no derivaría en un producto físico, sino un servicio. ¿Cómo resolvería el problema? Hallaría la manera de llevarle medicamentos a personas con diabetes, al mejor precio, de manera segura y programada, para que dejaran de preocuparse por eso y, así, facilitarles la vida, quitarles un pendiente. Por supuesto, tendría que resolver los detalles del funcionamiento, de la operación, pero de inmediato pensó en resolverlo vía internet, en una página o, mejor, en una app, una aplicación móvil.

La formación de una sociedad

Nacho necesitaría entonces una página de internet por donde pudiera captar y venderle al cliente, pero no sabía cómo diseñar un sitio, mucho menos cómo usarlo para cobrar por su producto y, pensando que el abastecimiento y la logística del negocio serían suficiente carga para una sola persona, decidió contactar a Toño. Intercambiaron unos cuantos mensajes de WhatsApp de cortesía: Nacho le preguntó a Toño por su novia y comentaron las últimas noticias sobre Elon Musk y sus planes de llegar a Marte. Tardaron apenas unos minutos en ponerse de acuerdo. A los dos días Nacho y Toño se vieron en una taquería para platicar. Toño sabía que Nacho estaba pensando en emprender, que le quería platicar sobre su idea y su posible nuevo negocio. Iba preparado.

Después de que ordenaron sus tacos de barbacoa, chicharrón y picadillo, Nacho comenzó a platicarle a Toño sobre su idea de negocio, para finalmente llegar a la parte importante:

—Necesito a alguien que me ayude a diseñar la página de internet y la aplicación móvil, tanto para IOS como para Android. ¿Cómo ves? ¿Te animas? ¿Cuánto me cobras? —le dijo Nacho.

—¡Jajaja! Claro que te la diseño, pero dudo que sea lo mejor para ti, y mucho menos para el negocio. De entrada, no es a lo que me dedico, así que me tardaría bastante y, además, **las aplicaciones y páginas web no se programan una vez y listo, se programan y se modifican muchísimas veces**. Por eso es que seguido recibes nuevas actualizaciones de Facebook, de UBER y otras. La programación es un proceso continuo e iterativo, la posibilidad de que hagas una página web y así se quede es muy baja y, la verdad, es bastante complicado buscar constantemente a alguien que no trabaja en tu empresa para que haga los cambios requeridos y le dé la misma importancia y urgencia al trabajo que tú le vas a dar. La idea me gusta mucho y creo que tiene un **potencial** enorme, entonces, mejor te propongo hacerlo sin cobrarte y explorar la opción de asociarnos. ¿Qué opinas?

Nacho supo que había sido una buena idea platicar con Toño sobre el negocio, en especial porque confiaba en él y sabía que era una persona inteligente. Lo que Toño le dijo no hacía más que confirmar su pensamiento. Terminaron de comerse sus tacos y, como era sábado, les quedó tiempo para continuar la plática. De ahí se fueron a un café, pidieron dos americanos, negros, sin azúcar, y se sentaron en la terraza para aprovechar el buen clima. Platicaron por unas cuantas horas para definir si asociarse era lo mejor y sobre cuál sería la forma correcta de hacerlo. Por fortuna para ambos, Toño era metodico y analítico, fue a Google y buscó «why and how to partner with a cofounder» o «por qué y cómo asociarse con un cofundador». Entre los dos leyeron los artículos, sacaron sus conclusiones y decidieron que lo correcto era asociarse, pues ambos contaban con conocimientos, habilidades y gustos no solo diferentes, sino también complementarios para el negocio y, aparte de eso, parecía ser la sociedad ideal según un artículo del Harvard Business Review, escrito por Noam Wasserman, titulado *Assembling the startup team*[1].

Socios	Pros	Contras	Ventajas en la etapa de la empresa
Familiares y amigos	1. Ya se conocen 2. Hay mucha confianza	3. ¿Qué es más importante: la empresa o la relación? 4. Hay mucho que perder	Temprana
Desconocido	1. Se puede ser más crítico y tomar decisiones mejor calculadas.	1. No se conocen 2. No hay confianza	Tardía
Colaboradores	1. Ya se conocen 2. Hay confianza 3. Es posible ser críticos	4. No existe la misma confianza que con la familia.	Todas

En esta tabla se muestran los distintos beneficios y complicaciones que pueden surgir de acuerdo a la naturaleza de las relaciones con los socios de una empresa.

---

1 https://hbr.org/product/assembling-the-startup-team/812122-PDF-ENG

De ahí siguió la parte complicada, difícil, de la conversación, en la cual debían responder a las siguientes preguntas y, de acuerdo a eso, redactar y firmar un **acuerdo de socios**. Firmar no porque uno o el otro fuera o quisiera romper su palabra al día siguiente, sino porque muchas cosas que uno no se espera pueden pasar y, por otro lado, pues las palabras se olvidan y lo escrito, escrito está.

Se preguntaron:

1. ¿Quién será el encargado de qué y por qué?
2. ¿Cómo funciona la **jerarquía** dentro del nuevo negocio, es decir, quién es el jefe de quién o quién toma la decisión en qué área del negocio o, cómo es que se toman las decisiones cuando surja un desacuerdo?
3. ¿Van a trabajar tiempo completo en la empresa, solo los **fines de semana** o medio tiempo? ¿Pueden trabajar en otro lugar?
4. ¿Cómo dividirán los porcentajes de propiedad de la empresa?
5. ¿Cuánto dinero deben pagarse como **sueldos**?

Decidieron dejar algunas preguntas sin responder en ese momento y quedaron de verse otra vez el martes siguiente, *after office* para platicar sobre lo que hubieran pensado durante el fin de semana, discutir lo que se tuviera que discutir y quedar en algo con lo que los dos se sintieran a gusto y contentos. Como acordaron, se vieron el martes y quedaron en:

1.

Responsabilidades y áreas de la empresa:

a. Nacho: administración, finanzas, marketing y ventas

b. Toño: tecnología, operación y logística

2.

En cuanto a la jerarquía, decidieron que Nacho sería el director, aunque cada quien tendría la última palabra en sus respectivas áreas del negocio. Dejaron en claro que ambos podrían tomar decisiones sobre sus áreas sin consultar al otro, siempre y cuando la decisión no fuera sobre un **tema crítico**. Y, en temas estratégicos, si llegase a haber una diferencia, la decisión dependería de Nacho, por ser el director, independientemente de quién tuviera más o menos porcentaje de la empresa.

3.

En cuanto al tiempo o dedicación dentro de la empresa, ambos acordaron que renunciarían a sus trabajos el lunes siguiente para comenzar a trabajar de tiempo completo en su nueva aventura a partir del mes entrante. Eso les dejaría tres semanas para renunciar a su trabajo, avisar a sus respectivos jefes y colaboradores y salir de la mejor forma posible.

4.

Decidieron repartirse el porcentaje de la empresa, 55% para Nacho y 45% para Toño. Esto porque Nacho no solamente fue quien tuvo la idea (que no tenía valor en sí) pero había hecho una muy buena investigación y dedicó tiempo a determinar si era o no negocio.

5.

Decidieron que ambos se pagarían, una vez que las finanzas de la empresa lo permitieran, el mismo sueldo cada uno, y que este sería exactamente el promedio de sueldo que estuvieran recibiendo sus amigos que trabajaran en una empresa no familiar y no estuvieran emprendiendo. Ya después se meterían a discutir bajo qué factores aumentarlo, pero siempre ambos con el mismo sueldo. Sin embargo, para arrancar, les tocaría vivir a cada uno de sus respectivos ahorros.

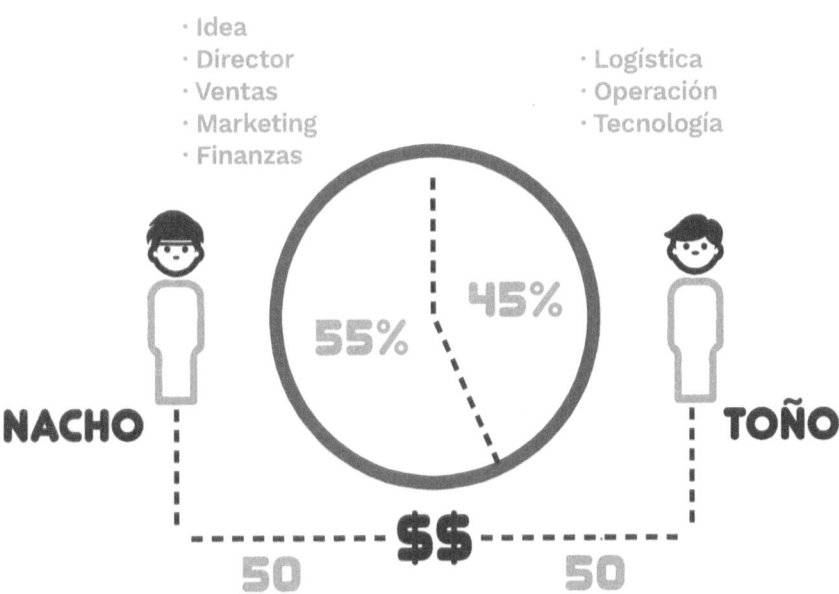

Con esto hecho, iban por un excelente camino. Todos sabemos que entre el setenta y el ochenta por ciento de las empresas mueren en los primeros dos años de vida, pero ignoramos que cuando hablamos de empresas que han recibido **inversión de fondos de capital emprendedor,** el sesenta y cinco por ciento de esas desaparecidas mueren por fallas y errores que surgen por la falta de un acuerdo de socios bien hecho desde un inicio, que se vaya modificando con el tiempo a partir de las diferentes circunstancias que se puedan presentar. Por ende, Nacho y Toño, al tener esto claro desde un inicio, ya habían resuelto algunos problemas, incluso antes de que se presentaran.

Takeaway del Round 1

Esta sección toca un tema superrelevante que muchas veces se minimiza. La elección de tu socio fundador es de lo más importante que vas a hacer en la vida de tu proyecto. No importa de quién haya sido la idea inicial, a partir de que se consideren socios la idea es de los dos, «nuestra» deben decir, y el proyecto es compartido. Ambos deben compartir la visión y la misión de la compañía. El «¿cómo lo logramos?» puede diferir y ahí vas a discutir, no siempre estarán de acuerdo, pero siempre deberán tener la seguridad y confianza de que buscan el mejor interés de la compañía. Vas a pasar mucho tiempo con esta persona y llegarán momentos en los que uno se hallará más animado que otro, por eso, debes buscar no solamente alguien que sepa hacer algo que tú no sabes, también que respetes su opinión y criterio. Y, sobretodo, que sea alguien con quien te puedas salir a echar unas cheves.

Es muy común toparme con personas que me dicen «tengo una idea para una app y estoy buscando un socio que la programe». Esta forma de verlo se queda corta, porque si quieres alguien que programe una app, contrátalo, si quieres un socio fundador dedica tiempo a conocerlo y no pidas que haga tareas, mejor, platiquen sus expectativas y visión profesional y personal, después hablen del proyecto.

El acuerdo de fundadores que empiezan a platicar Nacho y Toño es más que un documento de referencia, es una gran excusa para hablar de temas delicados sin necesidad de llegar a que sean problema. Ahí puedes hablar desde participación, roles, sueldos, vacaciones, horarios, obligaciones, hasta de qué pasa si uno renuncia. En ese momento puedes darte cuenta de los *deal breakers* antes de que se vuelvan problemas reales.

Ignacio Álvarez
CEO y cofundador de MoneyPool

Round 2

Trabajando como perros

«Lo mío no es talento, es trabajo.
Es mi obsesión».

Connor McGregor

Ya se estaba armando el asunto: Nacho y Toño se asociaron, firmaron un acuerdo de socios y, tal como lo planearon, comenzaron a trabajar *full-time* en su empresa.

El primer día decidieron hacer varias cosas: primero, conseguir una **oficina**, después, pensar o empezar a idear puntos importantes, como definir a los primeros proveedores, y jugar con ideas de nombres para su negocio –una primera lluvia de ideas– y, también, contactar a Fernando, un emprendedor exitoso a quien no conocían, salvo por una nota en el periódico y, por lo que dijo ahí, creyeron que podría darles unos buenos *tips* o al menos dirigirlos en la dirección correcta.

Para arrancar, los socios se vieron a las siete y media de la mañana en uno de los muchos Starbucks de su ciudad. Entraron, pidieron su café e, inmediatamente, Nacho comenzó a buscar la forma de contactar a Fernando para sentarse con él, platicarle su idea y pedir un primer consejo. Mientras Nacho buscaba a Fernando, Toño hizo una lista de posibles oficinas donde pudieran rentar el mínimo espacio y que les permitiera trabajar de forma eficiente. Decidieron chambear fuera de sus casas, pues sabían, por la experiencia de un amigo de Toño, que trabajar desde casa es complicado, principalmente por las distracciones que se pueden presentar, desde que el perro se hizo pipí hasta un «ayudame con esta caja».

Después de una hora de trabajo, Toño había encontrado seis posibles oficinas, incluso aprendió el término **coworking space**, que es un espacio de trabajo en donde nadie tiene un área, silla o escritorio asignado y hay muchos emprendedores o *freelancers* trabajando. Programaron varias citas para visitarlas. Empezaron a las diez de la mañana. Nacho pudo localizar a Fernando a través de Rocío, una emprendedora movida y en la que muchas personas confiaban, además de ser un contacto en común en LinkedIn. La llamó y le pidió el favor de presentarlo con Fernando porque quería pedirle consejo para el negocio que arrancaba con Toño. Para su sorpresa, Rocío hizo la introducción en el acto y Fernando aceptó reunirse con ellos ese mismo día a las cinco de la tarde.

Con eso se les venía encima la primera decisión importante, porque habían programado una cita con uno de las *coworking spaces* a las cinco y media. Toño, como era puntual y «bien quedado», le dijo a Nacho que debían buscar la forma de posponer la reunión con Fernando, a lo que Nacho le respondió con un «el cliente siempre va primero». Claro, aunque este no fuera un cliente como tal, sí era alguien dispuesto a darles algo de su tiempo, sin ningún interés aparente de por medio. El espacio de trabajo podría esperar, ya que era un proveedor no crítico. A Toño le pareció atinado el razonamiento de Nacho y decidieron cancelar la cita en el *coworking space* para ver a Fernando a las cinco en su oficina.

¿Qué es un *coworking space*?

Una *coworking space* o espacio de trabajo colaborativo es un área de trabajo abierto en donde se instalan escritorios, mesas y sillas, diseñado para que las personas trabajen sin paredes que los separen a unos de los otros, un lugar donde la información y la comunicación fluyen fácil y rápido.

Por lo general, podrás encontrar a muchos emprendedores y *freelancers* o autoempleados trabajando es este tipo de oficinas.

Antes de la cita, ya con la decisión tomada, se pusieron a hacer listas interminables de los que podrían ser sus proveedores. Buscaron en internet y hallaron bastantes, aunque todavía quedaba ponerse en contacto para saber si serían buenos, si se adaptarían a sus precios y, de hecho, podrían lograr una relación comercial de valor.

Ya con una primera lista y como se les había olvidado la hora de la comida (porque esa ellos la definían), se pasaron un rato hablando de ideas, formas y la mejor manera de diseñar una app que les ayudara o que fuera la base del servicio que pensaban ofrecer. La verdad es que no llegaron a mucho, pero encontraron varias apps de otros servicios que les habían dado una buena noción de lo que querían para la suya. Así se pasaron los minutos hasta llegar el momento de irse a la cita con Fernando.

Primeras lecciones de un emprendedor y microcelebridad

Llegaron a la oficina de Fernando y se dieron cuenta de que era un *coworking space*. Él y su equipo de tres personas trabajaban junto a muchos otros emprendedores. A diferencia de lo que habían leído en el periódico, Fernando no era un emprendedor superexitoso, sino uno más del montón, de esos que piensan en grande queriendo cambiar algo en el mundo. Fernando se dedicaba a convertir agua gris y salada en agua potable con una nueva tecnología. El proceso para lograrlo requería una inversión inicial por planta diez veces más económica que la de las plantas tradicionales y el costo por desalinización y purificación de agua era cinco veces más barato por metro cuadrado que en los procesos actuales.

Sí, era un emprendedor con potencial, pero, como ellos, compartía una oficina y le faltaba para convertirse en Mark Zuckerberg. Con él encontraron su primera lección del día (segunda, si tomamos en cuenta el término *coworking space*). Dijo Toño: «No debemos creer mucho en los periódicos porque, a fin de cuentas, su chamba es sacar notas fregonas». Nacho completó: «Y se escucha mejor el título Emprendedor local le da agua al mundo, que Emprendedor local con mucho potencial está batallando para por darle agua al mundo».

Que Fernando se encontrara en vías de convertirse en un emprendedor exitoso no significaba que le faltara conocimiento para darles unos muy buenos *tips*. Como dijo Bill Nye: «Cualquier persona que alguna vez conozcas va a saber algo que tu no sabes». Después de que ambos le platicaron su idea, Fernando les recomendó dejar de buscar proveedores y olvidarse de hacer una aplicación. Les dijo:

—Entonces: no hagan una aplicación web, no busquen proveedores. ¿Quieren saber por qué? La verdad es que este no es mi primer emprendimiento, lo he hecho antes, me ha ido mal y espero que esta sea «la buena». Por fortuna, tengo gente que cree en mí, que me ha apoyado con lecciones, dinero, sumándose a mi cartera de clientes... Ahora, además de ser emprendedor, me he involucrado en algunas aceleradoras e incubadoras locales y me ha tocado platicar con muchísimos emprendedores y, ¿saben de qué me he dado cuenta?, de que la mayoría de ellos, cuando emprende por primera, segunda o tercera vez, quieren tener todo perfecto antes de salir a vender. Creo que es un error. Es que, cuando se trata de un emprendimiento innovador, por lo general se busca construir la aplicación perfecta, luego se cuelga en el App Store o Google Play, y se sale al mercado, pero, ¿qué pasa si nadie la descarga? ¿De qué sirvió la aplicación? ¿Para qué se invirtió tiempo y dinero? —les preguntó Fernando.

Los dos socios se voltearon a ver, con duda. Siguió:

—Por eso digo, no busquen proveedores, su chamba número uno es buscar a sus clientes, a sus usuarios, a quienes realmente tienen el problema que quieren solucionar con su producto o servicio. No importa que no tengan lo que van a vender, ni una solución para entregarles. Lo que quieren es asegurarse de que existen clientes con la intención de comprar lo que ustedes quieren vender. Así de sencillo. Nacho, me platicaste que ya entrevistaste a veinticuatro personas, buenísimo, ahora, ¿te dijeron las veinticuatro personas, sentados contigo, desayunando o no sé: «Sí, Nacho, quiero comprar tu producto o servicio, me interesa tu solución a un problema que tengo. Sí, es buena tu idea, sí, tiene potencial tu negocio». No sé si lo hicieron, pero puedo decirles que del sí dicho al sí hecho hay mucha distancia. De decirte sí a darte dinero hay un camino por recorrer y es en ese tramo donde por lo general se caen las ventas. Por eso, les recomiendo olvidarse de la aplicación web y dejar de buscar proveedores, hagan una *landing page* que les sirva como MVP para que puedan validar si realmente existe un mercado, si de verdad tienen ese problema y si su solución va a servir para resolver lo que ustedes creen.

—Todo suena bien, Fernando, pero, ¿qué es una **landing page**? ¿como una página de internet? —preguntó Nacho.

—Perdón, sí, sé que los que ya llevamos un camino recorrido usamos ciertos términos y los que vienen entrando y nos escuchan dicen ¿de que están hablando estos pelados? Sí, es una paginita sencilla de internet. Les pongo un ejemplo: digamos que se dedican a hacer marketing vía WhatsApp. Entonces, mandan un mensaje a sus contactos en el que ofrecen unos zapatos de basquetbol, los mejores, los más modernos y, si hacen clic en la liga que mandan, van a tener un veinte por ciento de descuento en la compra. La página que se despliegue cuando *hacen* clic, esa es su *landing page*. Ahora, en la página van a decir: vendemos los mejores zapatos del mundo con un veinte por ciento de descuento, tenemos tres modelos, haz clic en el que quisieras comprar. Ya que hagan clic, la idea es que salte un pop-up que le diga al cliente: Lo sentimos, este zapato está fuera de *stock*, pero si nos dejas tu correo, te avisamos en cuanto lo tengamos. Eso es una *landing page*.

—¿Y jala? —preguntó Toño.

—Funciona porque la pueden construir en un día y les costaría apenas nada, les diría cuántas personas llegaron a la página y cuántos hicieron clic con la intención de comprar. *Además*, van a saber cuántas personas les dejaron su correo. Esas creyeron tanto en el producto que dijeron: Quiero que me avisen cuando ya esté disponible. Listo, ya tienen una *mailing list* para vender. Con eso van a saber si hay mercado para eso y le van a echar todas las ganas. Es sumamente importante.

—No suena tan difícil, la verdad —le respondió Toño.

—No, para nada. Además, digamos que hacen una campaña de unas dos semanas de duración para que la gente llegue a su página. Pues en ese tiempo podrán darse cuenta si su producto funciona o no funciona. Si jala, ahora sí, busquen proveedores, creen la aplicación web... Si no, bien, su chamba es ver cómo lo resuelven. Tendrán que ofrecer otra cosa, buscar otro mercado, resolver otro problema... no sé, pero ya no pasarán tres, cuatro o seis meses construyendo una forma de vender un producto o servicio que luego nadie querrá comprar.

—Está perfecto, Fernando, ¿y lo de la aplicación web? —preguntó Toño.

—Bueno, creo que no deben diseñarse aplicaciones cuando una empresa está arrancando. Leí un artículo en el que se decía que las personas cuentan con un promedio de *38* aplicaciones en su celular, pero, de verdad, ¿cuántas usan? Piensen en las aplicaciones de sus teléfonos. Ahora yo se los digo: Instagram, Facebook, WhatsApp, Twitter.... quizá Asana, Slack, ya depende de cada uno, pero máximo diez. Cinco que usan diario. Las otras treinta se quedan ahí. Mejor quédense con la *landing page*, una página responsiva, para que los usuarios puedan verla desde una computadora, tableta o celular, IOS o Android. Es mejor empezar sencillo porque lo demás tarda años y bien lo sabes, Toño, que las cosas no solo se hacen una vez: entre más cosas tengas, más personas dándoles mantenimiento, más gente modificándola... no solo programadores y diseñadores, sino que también *product managers, junior product managers*. Mejor espérense. Validen el mercado, el producto y que su solución es la que el mercado está buscando. En este caso, Fernando propuso usar una *landing page* como MVP.

¿Qué es un MVP?

Un *Minimum Viable Product* (MVP) o Producto Mínimo Viable, es una herramienta —no necesariamente un producto— que permite validar un mercado, su problema y tu solución; es decir, nos dirá si la solución que piensas ofrecer de verdad soluciona un problema del mercado al cual vas a servir.

Con eso resuelto, volvieron a la búsqueda de oficina. Parecía algo sencillo, pero las rondas de visitas, llamadas, tours, números y contraste de beneficios y desventajas de cada una les tomaba un tiempo que, a veces, consideraban mejor para otras cosas. Eso los estresó un poco, pero sabían que el espacio de trabajo era importante. Así que las horas dedicadas a la visita de oficinas, las reponían sí o sí.

Luego de visitar varios, se decidieron por un *coworking space* lleno de emprendedores en tecnología, en donde formarían parte de una comunidad de personas que estaban o habían ya pasado por lo mismo que ellos, un lugar en donde podrían encontrar ayuda con mucha más rapidez en temas tecnológicos, de diseño, comunicación, entre otros. Además, solo pagarían cinco mil doscientos pesos mensuales por ambos. Justificaron el gasto porque pagarían un poco más de cien pesos por día de trabajo, a diferencia de los sesenta pesos de café en Starbucks (suponiendo que solo se pidieran un café por día).

El problema de esa oficina sería el estacionamiento, porque en su ciudad, sin auto, uno batalla para moverse con comodidad, por lo que los dos se movían en su auto propio.

Así, la falta de estacionamiento los forzó a comenzar el día de trabajo tomando turnos: una semana uno pasaría por el otro y la otra al revés. Este simple y sencillo acto de hacer turnos para llegar a la oficina y regresar a sus casas por la noche o inclusive a la hora de la comida les trajo ventajas que nunca se hubieran imaginado. Esto es lo que decidieron:

1.

Llegar temprano al trabajo haría los días más productivos.

2.

Llegar a trabajar a la misma hora, lo cual les permitiría celebrar ***standing meetings*** todas las mañanas para asegurar que ambos trabajaran en lo importante de manera eficiente.

3.

Platicar en los trayectos, lo cual les facilitaba construir su relación como socios, especialmente cuando hablaban de temas ajenos al trabajo.

¿Qué es una *standing meeting*?

Es tal cual lo que su nombre en inglés significa, una reunión donde todos están de pie, es decir, nadie puede sentarse, ni en el piso, ni en la mesa, en ningún lado, todos deben estar parados. Se realizan de esta manera para evitar perder tiempo en juntas que pudiendo haber durado diez minutos duran noventa.

Muchas empresas y equipos de trabajo usan este formato de juntas para tener informarse y apoyarse en los primeros diez o quince minutos de trabajo de todos los días.

El nacimiento de MEDEX

Todo parecía ir de maravilla, pero las lluvias de ideas no les habían dado el nombre que querían para su negocio. Antes de hacer la *landing page*, era necesario definir eso, los colores, la imagen, su cara al mundo y a sus clientes.

Nacho y Toño recordaron a una amiga, una diseñadora buenísima que había hecho los logos de varias *startups* que conocían en la ciudad, que iban desde empresas de tecnología, hasta un café, pasando por una marca de ropa deportiva.

Hicieron una cita con Renata, en la oficina que ella había decorado y parecía un estudio neoyorquino. Al principio pensaron que les saldría carísimo, pero igual se aventuraron a platicarle su idea con mucha pasión, la convencieron y hasta les dio un plan de pagos. Es más, ella misma se echó una sesión de lluvia de ideas para definir el nombre. Después de una semana, en la que ellos trabajaron en la búsqueda de oficina y otros pendientes, ella les entregó un documento con su identidad.

MEDEX

Los meses siguientes trabajaron sin parar. Las primeras semanas, siguiendo el consejo de Fernando, luego de muchísima investigación, llamadas, elaboración de argumentos de venta, producto de un montón de borradores, obtuvieron sus primeros clientes. La *landing page* que Toño diseñó luego de varias pruebas y errores, estaba muy bien hecha y comunicaba de forma efectiva lo que se vendía, el servicio que ofrecerían. Y, la tranquiza de marketing de Nacho, que era buscar personas para entrevistar, usando algunos grupos de WhatsApp y Facebook, estaba dando resultados. Los primeros clientes se estaban registrando en la página web, dando su email y registrando sus pedidos. La página de internet se veía así:

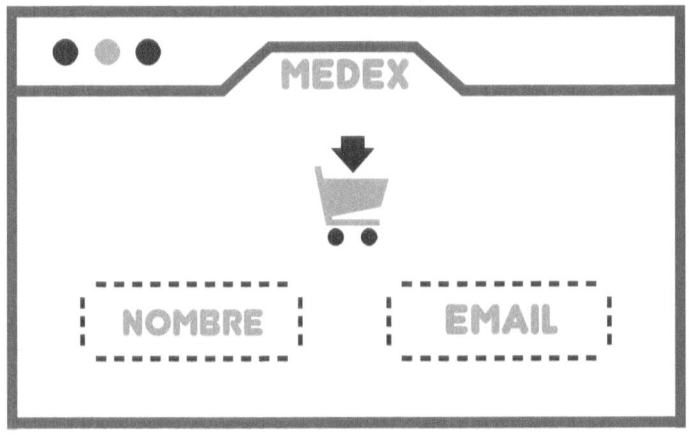

Y esto no era todo, porque a Nacho se le ocurrió una idea para entregarle al cliente lo que estaba pidiendo: él y Toño irían personalmente a distintas farmacias parte de cadenas ya establecidas para pedir los medicamentos que los clientes querían, luego se hablarían por celular para comparar precios y comprarían donde saliera más barato para después entregarle al cliente cobrando solamente un diez por ciento extra. Aunque este margen no fuera el mejor, al menos era una forma de comenzar el negocio mientras conseguían a los proveedores adecuados que les permitieran comprar en volumen y más barato.

Los primeros meses de trabajo se tradujero en muchísimo trabajo mental, claro, pero también muchísimo *legwork*, que es de andar de arriba abajo en la ciudad, en el calor, corriendo a citas y metiendo con calzador todos los compromisos, los de varios puestos de trabajo, en una sola jornada de ocho, diez o doce horas. Sin embargo, sabían que ese cansancio, hasta físico, les traería resultados.

Takeaway del Round 2

Lo más importante en el mundo del emprendimiento es la validación del mercado. Lo cierto es que, aunque existe mucha literatura que habla de cómo hacer *landings pages* y cómo crear en MVP, la gran pregunta es:

¿Por qué tantos emprendedores fracasan cuando validan su MVP al mercado?

Según mi experiencia, es un tema sencillo en la teoría y muy complejo en la práctica, pues se requieren habilidades suaves o, como se dice en inglés, *soft-skills*, como la observación, escucha, capacidad de análisis, síntesis, juicio crítico, sentido común, autoaprendizaje y autocrítica. Sin embargo, esto no es suficiente porque además se necesitan habilidades duras o *hard-skills*, que son el dominio de la tecnología en la que se basa un producto o servicio, diseño de procesos, negociación con proveedores, ventas, marketing, servicio al cliente, facturación, cobranza, entrega de producto o servicio.

Durante una de mis experiencias de creación de productos, que es una de las cosas que más me encanta hacer, se me ocurrió uno que se llamaba Taxi-Fi, que no era otra cosa que poner un *access point* con un SIM de proveedor celular a un chofer de los llamados ecotaxis de la Ciudad de Monterrey. Igual que muchos emprendedores, salí a hablar con taxistas, lo cual me permitió validar el mercado y entender que mi arquetipo de cliente eran los choferes de ecotaxis de colonias populares, en donde los pasajeros no tenían internet y, entonces, a través de una aplicación instalada en el Smartphone del chofer, se podía habilitar o deshabilitar el *access point* para que el pasajero se conectara a internet.

Esto último resultaba muy atractivo para el pasajero y para el chofer, porque al pasajero solo le costaba dejar una propina extra y esto se traducía en un ingreso de 12% adicional para el chofer del ecotaxis.

Sin embargo, ahí empezaron las pesadillas, ya que, mientras vendía el producto para validar el potencial real de mercado, se me presentaron muchos desafíos como:

1. Darle al chofer una app donde pudiera ver las conexiones y la calidad de las mismas.

2. Contar con un sistema para monitorear los access points en cada uno de los taxis y adelantarme a las fallas antes que un chofer o un pasajero se pudieran quejar del servicio.

3. Negociar los SIM con un distribuidor de Telcel para ofrecer buenos tiempos de entrega.

4. Negociar con un proveedor de *access points* para tener buenos precios y tiempos de entrega.

5. Habilitar cuenta en Oxxo para que los choferes me pudieran pagar diario.

6. Definir un esquema de comisionistas para atacar el mercado meta de ecotaxis.

7. Entender que, en algunos casos, sería necesario negociar con los líderes sindicales de las bases de ecotaxis.

8. Definir un procedimiento de instalación por modelo y marca de ecotaxis.

9. No volverme loco al inicio con todos los mensajes de WhatsApp que me llegaban.

10. Etcétera, etcétera, etcétera.

En resumen, todo mundo piensa que validar el producto o servicio en el mercado es solo vender, pero, en realidad, cuando uno valida producto o servicio comercialmente eso es la punta del iceberg, ya que al mismo tiempo se trata de validar nuestra capacidad de ejecución de toda la cadena de valor y no morir en el intento debido a:

1. La desesperación por no resolver las cosas con la calidad y velocidad deseada.

2. La frustración porque un competidor lo haga mejor que tú.

3. La ansiedad de quedarse sin dinero porque no tienes ventas.

En este sentido, mi aprendizaje es que lo que mata tu producto o servicio al momento de lanzarlo al mercado es:

Lo que no sabes que no sabes

Para poder salir adelante en esta etapa de validación de tu producto o servicio al mercado es muy importante haber afinado los *hard* y *soft skills* con el objetivo de tomar decisiones rápidas y acertadas. En este sentido la única solución que he encontrado es:

Trabajar como perros

Fernando Huerta
Director del Programa de Aceleración - Startup Studio

Round 3

Capital
emprendedor

«Una vez que has luchado, todo en la vida es fácil».

Dan Gable

En cuanto a los clientes, iban por buen camino: cada semana sumaban más y estos calificaban el servicio y la experiencia de compra de manera bastante positiva. Nacho y Toño seguían jalando como perros, pero contentos porque todo parecía ir de maravilla. Un martes por la tarde, Nacho se sentó a dibujar proyecciones financieras, basándose en su crecimiento real al momento, y se dio cuenta de que todavía les faltaban bastantes meses para generar utilidades. Aunque a cada cliente y a cada pedido le ganaban unos cuantos pesos, la suma no era suficiente como para pagar los gastos fijos, principalmente los sueldos de ambos. El problema no eran los meses que tardarían en generar utilidades o ganancias, sino que el dinero que tenían en la cuenta de banco se iba a terminar en un par de meses y, si sucedía, tendrían que cerrar la empresa.

Unas semanas atrás habían decidido invertir 100 mil pesos de los ahorros de cada uno en la cuenta de la empresa. Esos 100 mil pesos representaban casi el total del dinero que cada uno de ellos tenían, es decir, prácticamente el total de su dinero estaba en la cuenta de su negocio. Con eso pagarían la renta de la oficina y sus sueldos.

Esta era su situación y proyección financiera al momento:

Dinero en la cuenta de banco: 190,000 pesos

Estado de resultado proyectado:

	Mes actual	Mes +1	Mes +2	Mes +3
Venta	$60,000	$90,000	$135,000	$202,500
Costo de venta	$54,000	$81,000	$121,500	$182,500
Utilidad bruta	$6,000	$9,000	$13,500	$20,500
Gastos fijos	$70,000	$70,000	$70,000	$70,000
Utilidad neta	-$64,000	-$61,000	-$56,500	-$49,750

Nacho se asustó cuando vio el flujo de efectivo. En términos generales significaba que, si seguían perdiendo dinero al mismo ritmo, les quedaban solamente tres meses de vida.

Explicación del flujo de efectivo:

1.
_____

Los ingresos, en este caso, son iguales a las ventas que aparecen en el estado de resultados (no siempre es así en una empresa, hay factores como el crédito o plazos de pagos que ofrecen números distintos).

2.
_____

Los egresos son la suma del costo de venta más los gastos fijos en el estado de resultados (igual que en el punto pasado, no siempre es lo mismo en todas las empresas, pues existen factores que pueden cambiarlo).

3.
_____

El saldo incial es el dinero en la cuenta al principio de todos los meses.

4.
_____

El saldo final es el dinero en la cuenta al final de todos los meses, mismo que se ve afectado por los ingresos y egresos. El saldo final de un mes es el saldo inicial del siguiente.

El resumen de todo lo anterior es: **NECESITABAN DINERO**. La empresa iba a quebrar y, evidentemente, no existía (ni existe) un botón mágico para incrementar las ventas de un día para otro y rentabilizar una empresa de la noche a la mañana.

De nuevo: se estaban quedando sin lana. Por las mentes de ambos pasaron muchas cosas, como el qué harían, si tendrían que pedir trabajo de nuevo, ¿volver a la misma empresa con la cola entre las patas? Es decir, claro, no hay por qué avergonzarse si intentaste algo, pero, de todas formas, se habían terminado sus ahorros y volver a empezar, si bien no era la mayor de las tragedias, sí era, como menos, un fuerte golpe a su moral, un nocaut antes del tercero o cuarto round. Eso significaría unirse a la estadística, al número de empresas que fracasan antes del primer año. Sabían que su idea era buena, que a los clientes les gustaba y no podían permitir que fuera cuestión de dinero.

Era necesario, casi obligado, pedir un préstamo o conseguir inversión para asegurar la vida de su *startup*.

Primero pensaron en ir a un banco y solicitar un préstamo, pero pronto descartaron la idea, pues les faltaban dinero, terreno, activos para respaldar el crédito de un banco: eran un riesgo que el banco no iba a tomar. Además, significaría mucho tiempo y un montón de tramites que les quitarían tiempo de trabajo, de operación, a lo mejor o lo más seguro que para nada. Pensaron después en endeudarse, usando sus tarjetas de crédito, pero de buenas recapacitaron y entendieron que esa vía era una tontería porque los intereses de las tarjetas son altísimos, así que les iba a salir muy caro el préstamo y, si algo fallaba, iban a meterse en problemas graves.

Después de algunas horas y hasta días de estrés, seguidas de horas y también días de ideación y de nuevo horas de más estrés, de hacer listas (cómo les gustaban) de posibles bancos, programas de impulso a emprendedores, de conocidos con lana y familiares que pudieran apoyarlos, decidieron irse con Bernardo, uno de los primeros en su lista. Era un primo de Nacho que no solo tenía mucho dinero, sino también era inteligente, exitoso y entrón. Nacho le mandó un WhatsApp a su primo con el siguiente mensaje:

Hola, Bernardo, no te he platicado, pero durante los últimos meses he estado emprendiendo un negocio junto con Toño Rentería. Nos está yendo muy bien y nos gustaría ir a tu oficina para platicar contigo.

El primer gran aliado

Bernardo les dio cita para dos días después, pues en ese momento se encontraba fuera de la ciudad. Pasado el tiempo llegaron a la cita, justo después de comer, a las cuatro de la tarde. Ahí les ofrecieron agua y café mientras esperaban a que Bernardo terminara una llamada para recibirlos en su oficina. Luego de unos minutos, escucharon un *¡pásenle!* que salió de la oficina, con la puerta abierta y muy cerca de la recepción.

Se sentaron frente al escritorio y comenzaron a platicar sobre futbol americano, de los Vaqueros de Dallas, de Tony Romo y los Patriotas de Nueva Inglaterra. Al terminar el *small talk*, Toño sacó la computadora, se conectó a internet y le mostró la *landing page* a Bernardo para que viera lo que habían hecho y platicar sobre sus resultados hasta ese momento. Cuando terminó, abrió el excel con las proyecciones y Nacho le habló de números a Bernardo, para terminar con un:

—Como puedes ver, parece que vamos por buen camino, pero nos vamos a quedar sin lana antes de que logremos generar utilidades. Te quiero pedir que de favor nos prestes 100 mil pesos mientras damos con la forma de encontrar el dinero que necesitamos para aguantar los meses, la rentabilidad y los proveedores más baratos para mejorar los márgenes y acortar el tiempo requerido.

Bernardo, entrón como era, inteligente y con visión para reconocer buenos emprendimientos, no titubeó, rápidamente decidió prestarles los 100 mil pesos, con una tasa de interés igual a la inflación, pero no se los iba a dar en ese momento. Se comprometió a prestarles esa cantidad conforme lo fueran necesitando. En pocas palabras, si las proyecciones eran atinadas, les daría los primeros miles de pesos en tres meses, justo antes de que se quedaran sin dinero. Les recordó que su puerta estaba abierta y que le interesaba mucho mantenerse informado de los avances de la empresa. Nacho y Toño decidieron enviarle reportes cada dos semanas, con las últimas noticias, tanto buenas como malas, así como los números más importantes de la empresa, que en este caso eran: ventas, pérdidas y el dinero restante en la cuenta de banco.

La promesa del préstamo de 100 mil pesos de Bernardo ayudaba bastante, sin embargo, no resolvía el problema y tampoco daba el tiempo necesario para llegar a generar utilidades, solo les compraba tiempo para idear y solucionar el problema del flujo de efectivo. Unos cuantos días después de la junta con Bernardo, Nacho llegó a una cafetería para verse con Virgilio, una persona que podría enseñarles el camino para salir del problema de la falta de dinero.

Takeaway del Round 3

Emprender tiene mucho que ver con las corazonadas, con la intuición, con esa voz interna que te dice qué hacer y cuándo. Sí, emprender es mucho escuchar a tu corazón y, en cuestiones de números, también debes verlo así.

Debes entender y amar tus números, pues te darán las señales adecuadas para tomar los pasos que tu voz interna te dice. El comprender la configuración de tu negocio y el peso que tienen los financieros en esto te sirve de apoyo y guía para avanzar.

Así es el tema del levantamiento de capital, una combinación de atender tu voz interior (con quién, cómo, cuándo) con el entendimiento amplio de las condiciones financieras adecuadas, para que atiendas las variables de cuánto, por cuánto, a qué precio y valor.

Este round es importante porque, a partir de la experiencia de los personajes, te muestra cómo, durante el crecimiento de un negocio, hay un momento más adecuado para considerar la inserción de capital.

También es necesario recordar cinco cuestionamientos clave en la vida: **qué quieres, cómo lo quieres, cuándo lo quieres, dónde lo quieres y para qué lo quieres.**

A continuación, las pistas que te sugiero tener muy presentes cuando estés leyendo:

- Elementos en la configuración del negocio:
    -Costos, ventas, proyecciones, ganancias, etcétera.
- Los números son fáciles, te lo prometo.
- Qué tipos de 'dineros' existen para crecer tu empresa:

-FFF
-Bancos
-Fondos de inversión
-Ángeles inversionistas

* Cómo ver el futuro a través de lo que dicen los números. Comprender el presente financiero de tu negocio es prepararte para el crecimiento futuro, ir un paso adelante.

* El apoyo y soporte que impulsa un proyecto simple y sencillamente, cuando sabes que cuentas con la posibilidad de una inyección de capital.

Siempre, siempre, siempre, el dinero será un recurso que haga que tu empresa o proyecto alcance su potencial de una forma más acelerada.

Agradezco a Tuto la oportunidad de colaborar en este escrito y le agradezco mucho más el tiempo y cariño que dedicó a crearlo para ti, que estás leyendo esta pieza, la cual seguro te hará analizar y pensar dos veces antes de actuar, pero sobre todo a seguir escuchando tu corazón.

Rocío Díaz González-RORU
Conecta personas, empresas, inversionistas y buenos corazones para generar abundancia

Round 4

La importancia de un mentor

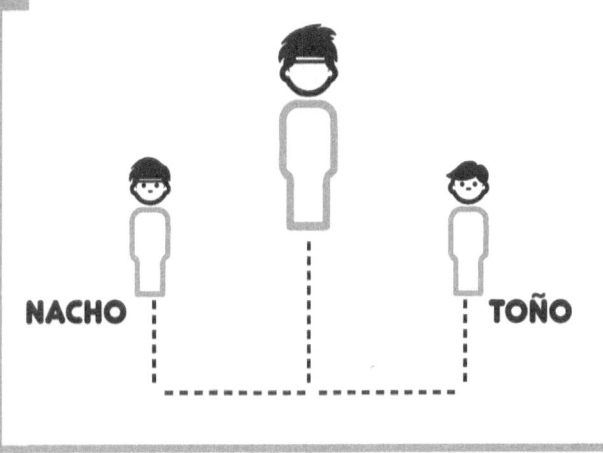

«Todos aquellos que están a mi alrededor han sido el puente para lorar el éxito, todos son importantes».

Manny Pacquiao

Nacho tenía un par de años de conocer a Virgilio, con quien acostumbraba reunirse cada mes para platicar de su vida y de sus objetivos. Virgilio era su mentor, un empresario exitoso de setenta años, a quien se le conocía no precisamente por su empresa más rentable, sino por su **empresa social**, con la cual cuidaba al planeta y a los seres que lo habitamos, un negocio que a su vez le permitía coleccionar sonrisas, no solo de sus clientes, sino también de sus empleados. La empresa era un lugar maravilloso, por su misión y por su atmósfera, un lugar que muchos disfrutaban y, quienes no la conocían, al visitarla, quedaban sorprendidos con la experiencia, porque se acercaba a esos ambientes tipo Google en donde lo importante es quienes la conforman y el objetivo que tienen en común. Entonces, Virgilio no solamente era emprendedor, también innovador, maestro, inversionista y, sobre todo, una persona increíble.

¿Qué es una empresa social?

Una empresa social es una organización que, dentro de su cadena de valor y modelo de negocio está beneficiando a la comunidad, sociedad, ambiente, ecología, etcétera. Y, de una forma directa y diseñada, a la vez genera utilidades para los socios. No debemos confundirla con una asociación civil o empresa que dona parte de sus utilidades.

Unos días después de la reunión con Bernardo, Nacho quedó de verse en un café con Virgilio. Llegó primero y estuvo esperándolo unos minutos, pero no porque Virgilio fuera tarde, sino porque la primera lección que el emprendedor con experiencia le había dado fue: «Cuando alguien te da su tiempo, asegúrate de llegar al menos cinco minutos antes y, si soy yo, llega con quince minutos de antelación, no vaya a ser que me quiera ir antes porque tengo pensado llevarte a algún lado».

Por eso, ahí estaba Nacho, esperando con su taza de café. Eligió sentarse a una mesa desde la que podía ver la puerta, para asegurarse de ver a su mentor en el momento que entrara. Llegó Virgilio, Nacho se levantó, fue a saludarlo y regresaron a sentarse.

Después de unos minutos de *small talk* y varias tazas de café (era uno de esos cafés que están rebuenos, pero no le hacen nada al cuerpo, típicos de los restaurantes de abuelitos, estilo diner), Nacho le platicó a Virgilio sobre el problema de la falta de capital y la gran ayuda y promesa de Bernardo.

Cuando Nacho terminó de hablar, Virgilio preguntó:

—¿Nacho, por qué razón o razones piden capital los emprendedores?

—Mmm... pues... la primera que se me viene a la mente es porque lo necesitamos para vivir. Así, como estamos ahorita Toño y yo, porque sin el capital no podremos continuar el emprendimiento y tendremos que cerrar lo que consideramos una empresa con un potencial altísimo.

—¿Qué otras razones? ¿Esa es la única? —siguió preguntando Virgilio.

—Pues la verdad no se me ocurre otra.

—¿Qué pasaría si tuvieras el dinero para pagar sueldos, oficinas y otros gastos fijos, pero te faltara el dinero para comprar una máquina o sistema que te permitiera bajar los costos o adquirir más clientes? —las preguntas de Virgilio iban poniéndose cada vez más serias.

—Pues probablemente le pediría dinero prestado al banco para comprar esa máquina.

—Lo que tú y la mayoría de los emprendedores necesitan no es un préstamo, sino capital de riesgo o *venture capital*. El banco difícilmente te prestará el dinero porque no vas a cumplir con los requisitos necesarios, como años de operación, activos, flujo de efectivo, garantías, aval, etcétera. Para eso existe el *venture capital*, para apoyar a buenos emprendedores como tú, con visión y potencial. En los años que llevo invirtiendo en los negocios de otros me he dado cuenta de que existen cinco razones por las cuales los emprendedores necesitan dinero: para cubrir los gastos fijos (incluyendo sueldos), para pagar deudas, para sacar socios que ya no le dan valor a la empresa, para invertir en activos y para crecer más rápido. La primera, cuarta y última son las que más me gustan. Me dices que la razón por la que Toño y tú necesitan dinero es por la primera, muy bien. Ahora, ¿cuánto dinero necesitas para lograr el objetivo de llegar al punto de equilibrio? La respuesta a esa pregunta, la cantidad, es lo que debes pedir y, a eso, agrégale un colchón de al menos tres meses. Toma en cuenta el sueldo de Toño y el tuyo, así como la contratación de futuros empleados y compra de computadoras, servidores, celulares, contratación de servicios legales, renta de espacio de oficina... que deberán agregar a la empresa conforme incremente el número de clientes y, por ende, la operación general de la misma. Es decir, si ahorita tus gastos mensuales, son de 70 mil pesos, muy probablemente sean 70 mil más X en dos meses y 70 mil más X más Y en cuatro meses, y así sucesivamente.

Nacho fue registrando toda la información que salía de la boca de Virgilio. Todo era nuevo y bastante útil.

—Lo que Toño y tú necesitan es levantar una ronda de **capital semilla**. Por lo general, debes empezar con las 3 F (*friends, family and fools*), ángeles inversionistas y después los fondos de *venture capital*. Al parecer ya empezaron con Bernardo, que es parte de la segunda F: familia. Ahora, yo te recomiendo que hablen con Bernardo y le ofrezcan una **nota convertible** por esos 100 mil pesos, es lo mejor que pueden hacer para alguien que creyó en ustedes en una etapa tan temprana. Así, si les va bien, también le irá bien a él. Con la nota convertible Bernardo tendrá la opción de cobrarles la inversión en un futuro o bien intercambiarla y convertirla en acciones de su empresa. Véanlo como un préstamo que puede ser una inversión, dependiendo de lo que el inversionista decida.

¿Qué es capital semilla?

El capital semilla es el dinero que se le invierte a una idea, proyecto, *startup* o empresa que apenas está comenzando o está por comenzar. Hay quienes distinguen entre capital semilla y pre-semilla, si fuera así, el pre-semilla es a ideas que aún no han comenzado mientras el semilla es a aquello que acaba de comenzar.

—Le voy a marcar a Otto, un amigo mío que trabaja en un fondo de *venture capital* para que los reciba en su oficina y les ayude a estructurar este tema de la nota convertible porque yo no soy experto en eso. Vayan con Otto, invita a Toño, y nos vemos en un mes, pues es bueno tener una recurrencia, además es buen tiempo para lograr un objetivo en un corto periodo y se haga una recurrencia intensiva por un par de semanas o meses. Trae a Toño a la próxima junta porque es importante que esté aquí, y ya después nos quedamos tú y yo unos minutos más para platicar de temas no relacionados a Medex.

¿Qué es una nota convertible?

En resumen, una nota convertible es una deuda que el inversionista puede decidir no cobrarle al emprendedor en dinero, sino en acciones, es decir, cambiar la deuda por un porcentaje accionario de la empresa.

Takeaway del Round 4

¡Encontrar un buen mentor es un privilegio! Imagina encontrar a una persona que tenga la experiencia, disposición, tiempo y voluntad de dedicar su energía desinteresadamente en ayudarte a triunfar. Durante los últimos cinco años en Irrazonable México hemos ejecutado programas intensivos de aceleración en mentoría y hemos aprendido que detonar estas relaciones es más un arte que una ciencia y que, para maximizar el valor para ambas partes, es vital cumplir algunas condiciones.

Comencemos por entender la psicología del mentor. ¿Qué quiere? ¿Qué espera? Por lo general, una persona decide convertirse en mentor cuando sabe que está en un momento donde puede dedicar tiempo y energía para regresarle al mundo la experiencia que ha ido adquiriendo. Pero, aunque suene a una acción cien por cien desinteresada, no caigamos en la trampa: si bien el mentor no espera una compensación financiera, sí está esperando otro tipo de divisa: compromiso y sudor de la frente del *mentee*.

Un mentor, por lo tanto, siempre estará esperando que el emprendedor haya hecho su tarea y sepa en qué punto específico le puede ayudar (es decir, espera mucha preparación). También hay una expectativa de que el emprendedor honre los compromisos pactados en sesión y, por último, querrá saber (incluso tiempo después de haberle ayudado) cómo es que la empresa va evolucionando.

Cierto día me encontré a uno de nuestros mentores del Instituto Irrazonable en la calle y, al contarle los avances de una empresa me dijo: «José, esa idea salió de una sesión de mentoría que tuvimos». ¡Me parece genial que ya la hayan implementado!, le dije. Si me lo hubiera comunicado, me habría servido para convencer a mi esposa de por qué paso tanto tiempo ayudando emprendedores... ¡por esas pequeñas historias donde sientes que generaste valor! La reflexión es que, cuando un emprendedor actualiza los avances a su mentor, lo hace sentir valioso. Eso genera relaciones de largo plazo.

Un buen mentor da consejos y no opiniones. Hay una clara diferencia entre un consejo y una opinión. Regularmente los consejos empiezan con la frase: *en mi experiencia* (inserte comentario sabio aquí). Cuando hay la suficiente confianza, como *mentee* es siempre importante no tener miedo a cuestionar el ángulo desde donde el mentor está abordando una recomendación. Un buen mentor siempre va a agradecer el cuestionamiento de regreso. De hecho, la labor del mentor es ayudarle al emprendedor a hacerse las preguntas adecuadas para que sea el emprendedor mismo quien tome las decisiones. Y estos cuestionamientos sirven como retroalimentación, pues los mentores más increíbles que conozco siempre mantienen una actitud de querer también aprender del *mentee*... pero, sobre todo, de tener la confianza y humildad de saber decir «no lo sé».

Así que, si has encontrado un mentor dispuesto, honesto, humilde... y tú como emprendedor tienes la misma actitud, ¡cuídalo y hónralo haciendo que tu *startup* crezca, de muchos empleos y resuelva problemas a gran escala!

Que de alguna manera muestres que el mentor lo hace por verte exitoso, lo hace desinteresadamente, y que quizá nuestra responsabilidad más adelante, cuando nosotros tengamos empresas exitosísimas, sea devolver el favor como mentores.

José Medina
Cofundador de México Irrazonable

Round 5

La nota convertible

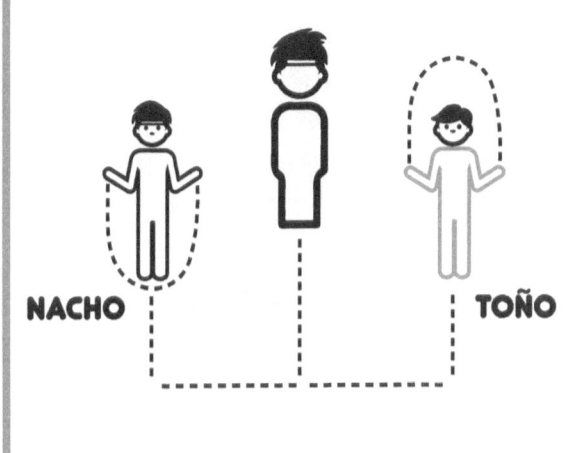

«Cuanto más silencioso, más puedes oír».

George St. Pierre

Otto era uno de los pocos expertos en *venture capital* de la ciudad, además de un pelado buena onda. De estas personas con las que te sientas a platicar y en treinta segundos caes en cuenta de que es un fregón y por eso genera confianza. Otto trabajaba en uno de los fondos de *venture capital* más grandes del país y, por ende, los procesos internos en cuanto a la toma de decisiones para las inversiones eran un poco más largos y complicados que con los fondos chicos, aunque a veces mucho más rápidos que con los **ángeles inversionistas**. El proceso de análisis de inversión de su fondo, que dura aproximadamente entre seis y doce semanas, funciona así:

1.

Un analista recibe información vía la página de internet, un correo o por alguna referencia.

2.

Si la oportunidad se ve buena, el analista se clava por una semana en análisis de todos los aspectos de la empresa.

3.

Si el análisis resulta positivo, entonces se discute con uno de los **socios principales** y, si a este le gusta, se lo lleva a uno de los socios.

4.

Si al socio le gusta, entonces llevará el caso y argumentar por qué debe invertirse en esa *startup* para convencer a los demás socios de hacer la inversión.

5.

Por último, se negocian los términos y condiciones.

¿Quiénes son los ángeles inversionistas?

Las personas que te van a rescatar creyendo en ti desde el principio e invirtiendo dinero en tu *startup*.

Antes de la reunión con Nacho y Toño para discutir su estrategia para levantar capital, Otto programó una junta con otro emprendedor «amigo de un amigo».

A diferencia de lo que dictaba el proceso, estaba con un emprendedor que llegó directo con él, porque un amigo se lo había presentado vía mail, pidiéndole el favor de recibirlo para ver si la oportunidad podría interesarle al fondo.

El emprendedor comenzó la junta tratando de sorprender a Otto, diciéndole que, en tan solo dos semanas de haber lanzado su producto al mercado, sus transacciones ascendían a 80 millones de pesos (era una plataforma de inversión en bienes raíces y otros productos). Pero Otto tenía colmillo y sabía que la clave no estaba en los números, sino detrás de ellos. Las preguntas típicas le daban a Otto el ochenta por ciento de la información que necesitaba para seguir con la conversación. ¿Por qué? ¿Cómo? ¿Quién? ¿Cuándo? ¿Dónde? En este caso, las preguntas fueron:

—¿Cómo llegaste a tener tanto dinero? ¿Ese dinero viene de cuántos clientes? ¿Cómo llegaste a ellos? ¿Cuándo te lo dieron? —sonaba agresivo, pero la verdad es que tenía muchísima experiencia, se las olía y sabía ir directo al punto.

—Viene de tres clientes. A todos los conseguí llamándolos por teléfono y luego haciéndoles una breve presentación. Ya sabes, lo que dice Paul Graham (socio fundador de Y Combinator, la mejor aceleradora del mundo) «Uno de los consejos que más damos aquí en YC es "haz cosas que no escalen"» —respondió.

Otto, luego de escuchar que el dinero lo obtuvo solamente de tres clientes, preguntó: ¿Quiénes son? ¿Qué relación tienes con ellos? ¿Cómo se llaman?

Resultó que 78 de los 80 millones eran de su papá y los otros dos de tíos ricos. En casos como estos aplican dos cosas:

1.

El emprendimiento es un juego de niños ricos (aplica en esta ocasión, aunque no siempre).

2.

Es muy fácil esconder las verdades importantes detrás de números impactantes.

Clasecita en hojas blancas

Otto salió de esa junta y fue directo a la reunión con Nacho y Toño en su oficina. Ahí les ofreció café, té y agua, como era su costumbre, y ambos pidieron agua y café. Caminaron los tres a la cocina y Otto sirvió y preparó el café para todos mientras intercambian algunas palabras casuales (de nuevo el *small talk*), para hablar de todo menos del negocio. Entraron a la sala de juntas, bastante modesta, con un pintarrón blanco grande, utilizado para escribir, idear y pegar *post-its* (como se hace cuando se habla de innovación). Se sentaron a la mesa y Toño comenzó a platicarle a Otto sobre lo que habían hecho hasta ese momento en términos de tecnología, producto, logística, etcétera. Cuando Toño terminó, siguió Nacho, a quien le correspondía hablar del tema importante, del dinero requerido y de la famosa nota convertible de la cual les había platicado Virgilio.

Cuando ambos terminaron de hablar, Otto los felicitó porque, al parecer, iban por excelente camino, ya hubiera sido por suerte, inteligencia, trabajo o una combinación de ambas, pero estaban haciendo bien las cosas y todo pintaba muy bien, excepto dos cosas: la cuenta de banco que día a día se vaciaba y las caras de ambos emprendedores que reflejaban la falta de sueño. La explicación que Otto les dio sobre el significado de la nota convertible, cuándo y para qué se usa fue larga pero clara. Sacó unas hojas blancas de su impresora y varios plumones de colores. Se puso a explicar mientras dibujaba, diagramaba, como una pasión que pocas veces veían. Otto les habló de dos escenarios:

· Escenario 1:

Imaginen que alguien les da 10 pesos y ustedes le dan el 10% de la empresa. Esto quiere decir que su empresa vale 100 pesos. Para hacerlo, tanto ustedes como el inversionista tuvieron que ponerse de acuerdo en que la empresa vale esos cien pesos.

· Escenario 2:

El inversionista quiere invertir, pero no se pueden poner de acuerdo en cuánto vale la empresa: el inversionista quiere que valga 50 (quedarse con un 20%) y ustedes, los emprendedores, dicen que vale 200. En estos casos es cuando entra la nota convertible.

El inversionista le dará a la empresa los 10 pesos que necesita, por lo tanto, la empresa (no los emprendedores) le deberán al inversionista 10 pesos. Pero, como el inversionista quiere un porcentaje de la empresa, entonces los emprendedores le darán al inversionista la opción de, en un futuro, cobrar sus 10 pesos con intereses o bien intercambiar los 10 pesos con sus intereses por acciones de la empresa.

Nacho levantó una ceja porque no le quedó del todo claro. Toño se llevó la mano a la barbilla. Otto sabía de lo complicado que era entenderlo de golpe, pero siguió:

—Ahora, luego de eso, quedan algunas preguntas que responder: ¿cuándo es el futuro? ¿Cuánto es el interés? ¿Qué valor se le va a dar a la empresa? —Otto dijo eso y sacó una nueva hoja blanca, sobre la que escribió con tinta roja:

P. ¿Cuándo es el futuro?
R. Cuando pase una de las siguientes cosas:

    1. Otra persona, empresa, fondo u organización invierta en la *startup* fijando una **valuación**
    2. Se cumpla un tiempo determinado
    3. Se cumpla un objetivo u objetivos determinados

P. ¿De cuánto es el interés?
R. Puede variar mucho, desde cero hasta 12%
P. ¿Qué valor se le va a dar a la empresa?

R. Si alguien más invirtió en la empresa a una valuación o un **valor determinado**, ese será el valor que se le dé. Ahora, si se cumplió un tiempo o un objetivo, entonces el valor de la empresa deberá especificarse en la nota convertible. Por lo general también se pone un CAP o límite de valuación de la empresa.

Nacho y Toño no le quitaban la vista a los garabatos de Otto.

—Pero, se preguntarán, ¿por qué el inversionista que decidió invertir con una nota convertible va a invertir o convertir sus acciones a una valuación igual a la de quien invirtió después y fijó la valuación?

—Justo eso me estaba preguntando —dijo Nacho.

—Es una muy buena pregunta y la razón para fijar un porcentaje de descuento, un beneficio, que se le va a dar al inversionista que decidió invertir desde antes con una nota convertible. El descuento por lo general es del 20% —dijo Otto, que explicaba todo como si fuera lo más sencillo del mundo, pero consciente de que no lo era. Siguió:

—A ver, este es un ejemplo de inversión con nota convertible: Pepe, el inversionista, invierte 200 mil pesos en la *startup* Chicken FoMa, usando una nota convertible con las siguientes características:

1. CAP de 2 millones de pesos
2. Descuento de 20%
3. Interés del 10%
4. Límite de tiempo de 18 meses
5. Si se cumple el tiempo y nadie más ha invertido en la empresa, más de un millón de pesos fijando una valuación, entonces el inversionista podrá convertir a una valuación de la mitad del CAP.

—A partir de este ejemplo podemos hablar de otros dos escenarios.

· *Escenario 1:*

Juan, el inversionista 2, invierte a una valuación de 3 millones de pesos, un año después que Pepe.

Pepe puede decidir si:

1. Cobra sus 200 mil pesos más sus intereses = 220 mil pesos

2. Convierte sus 200 mil pesos más intereses = 220 mil pesos por el 11% de la empresa

    a. 200,000 + 10% (20,000) = 220,000
    b. 220,000 (inversión) / 2,000,000 (CAP) = 11%

Otto espero una respuesta. Luego del silencio, siguió:

—En este caso, si Pepe convierte, se lleva el 11% de la empresa porque está convirtiendo al CAP y no a los 3 millones de valuación a los que invirtió Juan. Pepe convierte al CAP porque es más bajo que la valuación fijada en la inversión de Juan —continuó Otto. —Ahora, el segundo:

· Escenario 2:

Juan, el inversionista 2, invierte a una valuación de 1 millón de pesos un año después que Pepe.
Pepe puede decidir si:

1. Cobra sus 200 mil pesos más sus intereses = 220 mil pesos
2. Convierte sus 200 mil pesos más sus intereses = 220 mil por el 27.5% de la empresa

    a. 200,000 + 10% (20,000) = 220,000
    b. 1,000,000 (valuación) menos el 20% de descuento = 800,000 pesos de valuación para Pepe.
    c. 220,000 (inversión) / 800,000 (valuación) = 27.5%

Todo iba quedando más claro.

—Si el descuento no existiera, entonces Pepe podría convertir por el 22%, es decir, 220,000/1,000,000 —dijo luego Otto. —Va uno más:

Escenario 3:

Juan, el inversionista 2, invierte a una valuación de 2.2 millones de pesos un año después que Pepe.
Pepe puede decidir si:

1. Cobra sus 200,000 pesos más sus intereses = 220,000 pesos
2. Convierte sus 220,000 pesos por el 12.5%

    a. 200,000 + 10% (20,000) = 220,000

b. 2,200,000 (valuación) menos el 20% de descuento
   = 1,760,000
c. 220,000 / 1,760,000 = 12.5%

Lo que quedaba claro es que Otto sabían bien de qué trataba todo.

—En este caso, aunque la valuación a la que invirtió Juan era más alta que el CAP de Pepe, si se le aplica el descuento a la valuación de Juan, la valuación descontada es menor al CAP de Pepe, por lo que Pepe convertiría a la menor valuación de todas.
Así terminó con su elaboradísima explicación.

—¿Sí me expliqué? —les preguntó Otto.

—Mmm... pues más o menos, es algo complicado, pero lo estudiaremos más a fondo para asegurarnos de que entendimos completamente —dijo Toño, luego juntó las hojas de la impresora que Otto se había encargado de llenar con sus apuntes, las metió en una carpeta y esta a su mochila.

—No queremos quitarte más tiempo, sabemos que tienes muchas cosas que hacer. Te agradecemos bastante y ten por seguro que te estaremos molestando en un futuro, ya sea para pedirte algún consejo, inversión o ambas —cerró Nacho.

Takeaway del Round 5

Las notas convertibles son una excelente herramienta para invertir en etapas tempranas. Son lo suficientemente sencillas, prácticas y flexibles como para ser utilizadas tanto por inversionistas ángeles o fondos de *venture capital*, como inversionistas menos experimentados que inician su exploración de oportunidades en el mundo de las *startups*.

La principal cualidad de una nota convertible es que evita tener una conversación/discusión de valuación de una compañía en etapas tempranas. Es difícil valuar una compañía. Cuando es joven, con poca historia, los resultados a futuro son inciertos (tanto para bien como para mal) y es MUCHO más difícil. Dado lo anterior, si se usa una nota convertible se postergará la discusión de valuación y permitirá al emprendedor recibir el dinero que tanto necesita en una etapa temprana, al mismo tiempo que permite al inversionista «fondear» una compañía a la que le vea un futuro prometedor y aprovechar, más adelante, un descuento por haber tomado ese riesgo de invertir antes que otros inversionistas.

En México y Latinoamérica es cada vez más común ver inversiones en etapas tempranas por medio de notas convertibles. En nuestro fondo las utilizamos en la mayoría de nuestras inversiones en etapas tempranas. Incluso utilizamos convertibles en rondas *bridge*, aunque ya hayamos llevado a cabo rondas de *equity* previamente en una compañía.

Desde el punto de vista del emprendedor, es importante entender a profundidad las cláusulas de un *termsheet* de una nota convertible. No solo en lo que respecta a plazo, tasa, descuento y cap, sino todas y cada una de las cláusulas, por ejemplo: derechos que se dan a los inversionistas, *liquidation preference*, obligación de convertir, etcétera. Nunca está de más que un buen abogado (que conozca de *venture capital*) revise los términos de una nota convertible. Aquí, como en la mayoría de los casos, ¡vale mucho la pena tener a un amigo abogado!

Por último, aunque las notas convertibles parecieran ser complejas, no lo son. Existen menos términos y condiciones que una ronda de *equity* y es relativamente sencillo encontrar ejemplos de notas que son utilizadas como estándares en el mercado. De hecho, se pueden convertir en las «mejores amigas» de los emprendedores para realizar una ronda rápida con términos que dejan contentos tanto a emprendedores como a inversionistas.

Otto Graff
Socio de Ignia Partners

Round 6

¿Cómo valuar una *startup*?

💡 + **5** + **HARD WORK** + 🌐 = **?**

«Un hombre que ve el mundo a los cincuenta años igual que a los veinte, ha desperdiciado treinta años de su vida».

Muhammad Ali

Gracias a Otto entendieron la nota convertible. Lo que no sabían era si los inversionistas iban a querer o no invertir en una nota convertible o directo en *equity*. Tampoco sabían el valor de su empresa, ni cómo valuarla. Si hacían ejercicios de valuación de empresas o proyectos como se los enseñaron en la universidad, pues entonces la empresa valdría nada porque no generaba dinero y carecía de activos fijos.

La siguiente pregunta entonces era ¿cuánto vale la *startup*?

Decidieron regresar con Virgilio porque él había invertido en algunas empresas y esperaban que tuviera la respuesta. No había pasado ni siquiera una semana desde la última junta entre Nacho y Virgilio, pero pues las cosas se estaban moviendo rápido y ellos debían moverse todavía con mayor velocidad. Virgilio les pidió que llegaran a su oficina a las 12:00 pm, justo antes de que terminara su día laboral. Para esa hora él ya había trabajado bastante y le gustaba pasar la tarde con su familia o sus amigos. Se iba a comer a casa con Lucy, su esposa, o a casa de alguno de sus hijos para después disfrutar de la tarde sin preocupaciones. Pero ese día le pareció que la junta sería una buena forma de cerrar la jornada, dándole un buen consejo a dos emprendedores que se veían con ganas.

Una vez que se sentaron en el despacho de Virgilio, le platicaron de la junta que celebraron con Otto, los avances de la semana en la *startup*, los cuales eran bastante buenos ya que habían ganado 5% más clientes que la semana pasada; luego le platicaron un poco sobre los problemas que surgieron con la logística y los tiempos de entrega para terminar con el tema pendiente:

—¿Cómo valuamos nuestra *startup*? —preguntaron los dos casi al mismo tiempo.

—Bueno, vamos a lo primero: una *startup* no es un negocio tradicional, es más bien una empresa innovadora. Eso sí, se parece a las demás en que empieza perdiendo dinero porque necesita tiempo para captar clientes, para vender lo necesario, para cubrir sus gastos fijos... Es más, hay *startups* que tardan muchísimo tiempo en empezar a cobrarle a sus clientes porque arrancan con una base de usuarios que van creciendo para luego hallar un modelo de negocio, como lo hizo Facebook, Google, Twitter, etcétera… —dijo Virgilio.

—Entonces, si pierde dinero, si sus clientes son más bien usuarios, no vale nada —se apresuró a decir Toño.

—A ver, es cierto, si no gana dinero, no puedes valuarla en el EBITDA o UAFIRDA, por cinco, seis o siete o el múltiplo que gusten, y tampoco tiene activos, si acaso la idea, la marca, la empresa registrada y las computadoras de los fundadores. That's it.

—Entonces, tampoco la podemos valuar por sus activos —ahora interrumpió Nacho —Por lo tanto, ¿qué evaluamos en una *startup*?

—El potencial. El potencial de crecimiento, de mercado, las entradas de dinero a futuro… Ahora, dicho eso, les cuento que hay muchos métodos de valuación de *startups*, a mí me gusta hablar de cinco, les voy a explicar tres —les dijo y se recargó en su silla negra de respaldo alto.

—¿Nomás tres? —dijo Nacho.

—Son los más sencillos. Los cinco son el método Berkus, el *Quick Venture Capital Method*, el de Bill Payne, de *Risk Factor* y el *Venture Capital Method*. Bueno, los tres que digo son el Berkus, Payne y Quick VC.

Los dos socios se acercaron al escritorio, sin darse cuenta, para poner más atención y tomar notas.

—El método Berkus es muy sencillo. Este toma cinco factores y les asigna un valor igual a cada uno, que puede ser cero o uno. Entonces, el primero es la **idea** (suena bien o no, el modelo de negocio, todo lo que va alrededor de la idea), que, si es una mala idea, le daremos el valor de 0 y, es buena, de 1; el segundo factor es el **producto**, así que si ya existe es un 1 y, si no, 0; el tercer factor es el del **equipo**, y digamos que tienen a Mark Zuckerberg o a Elon Musk, le ponen un 1 porque es un equipazo, pero si tienen a dos chavos que no saben qué están haciendo, ninguno ha trabajado en la industria, etcétera, pues es un 0; el cuarto abarca a las **relaciones estratégicas**, y ese es fácil, se tienen o no se tienen y es 1 o 0; el quinto y último factor son los **usuarios o clientes**, hay o no hay, pero habría que definir cuántos podrían calificar para un 1, ¿diez, cien o mil?, ya dependerá de su interpretación.

—Los factores quedan clarísimos, pero, ¿qué significan los unos y los ceros? —dijo Nacho.

—Cuando este método se inventó, más o menos a mediados de 1990, por ahí del '96, el señor Berkus determinó que el promedio de las *startups* en etapa semilla valían 2.5 millones de dólares. Claro, vamos a poner algo en claro: eso sucede en Silicon Valley, no aquí, en esta ciudad o en este país. Pero bueno, si son cinco factores y cada uno vale lo mismo, entonces cada uno vale medio millón de dólares. Así, cada 1 representa esa quinta parte.

Los semblantes de Nacho y Toño iban cambiando porque, hasta ese momento, sonaba a algo que podrían hacer, independientemente de que el valor total para una *startup* en México no fuera de 2.5 millones de dólares. Virgilio siguió con su explicación.

—Ahora les cuento del *Quick Venture Capital Method*, que es bastante sencillo, pero antes quiero que les quede clara la diferencia entre *pre-money valuation* (valuación antes de que entre el dinero) y *post-money valuation* (la valuación después de que entra el dinero). A ver, si les digo que mi empresa vale 4 millones de dólares y les pido 1 millón, quizá supongan que les va a corresponder el 25% de la empresa, ¿no? No es cierto.

La mirada de Toño se clavó en los ojos de Virgilio.

—Ahí te va por qué. Si mi empresa vale 4 millones y alguien invierte 1, nos da 5, así que el 1 representa el 20% de la empresa. Así que, la valuación *pre-money* son los 4 millones y la *post-money* son los 5. ¿Por qué es importante entenderlo? El *quick venture capital method* dice que independientemente de cuánto sea el dinero que se está invirtiendo, ese total a invertir en esa ronda de capital, sin importar que sea de muchas personas, una sola o un fondo de *venture capital* tiene que representar entre el 10% y el 30% de la empresa *post-money*. Vamos a seguir con el mismo ejemplo: ese millón de dólares que se invirtió en la empresa que vale 4 y ahora vale 5, representa el 20%, perfecto. Sencillo. El *quick venture capital method* plantea la pregunta de cuánto necesitas y, si es 1 millón de dólares y el inversionista quiere tener entre el 10 y 30% de la empresa, quiere decir que esta vale 3 millones, más ese invertido, son 4 y así se queda en 25%. O vale 4+1=5 y se queda con el 20%, quizá valga 2+1 3 y se queda con el 33%... Vámonos a una cantidad más alta: 9+1=10 y se queda con el 10%.

Ambos emprendedores tomaban notas y trataban de no perder de vista la mirada de Virgilio. Este siguió:

—Entonces, el *quick venture capital method*, más que decir cuánto vale la empresa por lo que tiene, dice cuánto vale la empresa de acuerdo a lo que necesitas y, por eso que necesitas vas a entregar entre el 10% y el 30% de la empresa.

—¿Siempre es así? —preguntó Toño.

—Es lo que se entrega por lo general en las rondas de capital. Ahí, el emprendedor se diluye entre un diez y treinta por ciento de la empresa.

—¿Se diluye? —preguntó el emprendedor.—La dilución significa que tendrás un menor porcentaje accionario de tu empresa, aunque tengas el mismo número de acciones —dijo Virgilio.

Virgilio les estaba abriendo los ojos a otro mundo de posibilidades. Continuó:

—Vamos al tercero, el de Payne. Es algo similar al método Berkus porque toma en cuenta una serie de factores para evaluar, pero en este son seis factores y los pondera de forma diferente. El primer factor es el equipo, es decir, los emprendedores, a quienes les da un peso del 30%; luego viene el mercado, al que le da un valor de 25%; el tercero es el del producto, con un 10%; de ahí pasa al canal de ventas, también con un 10%; el cinco es la etapa del negocio y vale 10%; el último no es un factor específico, sino una mezcla de otros factores, que dependerán de la industria, del mercado... y esos deben sumar el 15% para dar con el 100%.

—Me parece fregón, Virgilio, pero a ver, danos un ejemplo —dijo Toño.

—Mira, vamos a suponer que en tu empresa tienes a Mark Zuckerberg y le damos un 100, o bien, el 30% del factor equipo. Y, para saber por qué, se va a buscar por todos los medios a *startups* similares: mercado, ubicación geográfica, tamaño, etapa... Es decir, si un inversionista ha metido lana a empresas similares, y el promedio de su valor es de 5 millones de dólares, igual será esta. Entonces, si las empresas similares valen eso y tienes a Zuckerberg con un 30%, sabrás que tu empresa vale al menos 1.5 millones. Eso es todo.

Los dos socios se veían satisfechos.

—En resumen, no puedo determinar cuánto vale su *startup*, pero me parece que con esto que les dije ustedes podrán hacer un análisis y determinar, de forma razonable y conservadora, cuánto es que vale Medex —cerró Virgilio.

La definición de un método de valuación

Más tarde regresaron a la oficina y, mientras Toño se encargaba de asegurar que los pedidos realizados fueran entregados a tiempo —una chinga y algo muy difícil de lograr—, Nacho se paró frente a un pintarrón del **coworking space** determinado a no irse de ahí hasta que hubiera determinado la valuación de Medex. Decidió comenzar con el método Berkus, que parecía ser el más sencillo de todos. Y comenzó a escribir:

·Método Berkus:

· ¿Qué tan fregona es la idea?

Muy fregona, el mercado es enorme, sigue en crecimiento y, al parecer, a la gente le está gustando.

· ¿Tenemos ya un producto?

Más o menos. No es el ideal, pero funciona.

· ¿Toño y yo?

Más o menos. Nos falta experiencia de emprendimiento, de trabajo en **startups** y en la industria de la salud o del *ecommerce*. Lo que tenemos es la experiencia de vivir con diabetes y conocer el problema de raíz, además del hecho de que nos conocemos y contamos con fortalezas distintas que se complementan, somos muy inteligentes y trabajamos como perros.

· ¿Relaciones estratégicas?

No. Lo ideal sería tener buenos proveedores para obtener las medicinas a un precio competitivo, así como buscar quién se encargue del último tramo (que son todos nuestros pedidos).

· ¿Ventas?

Sí, desde que empezamos cada día vendemos más.

	Factor	Evaluación	Valor
1.	Idea	1	500 k
2.	Producto	1	500 k
3.	Equipo emprendedor	0	
4.	Relaciones Estrátegicas	0	
5.	Ventas	1	500 k

Total del valor tomando en cuenta el Método de Berkus y sus valuaciones: 1.5 millones de dólares.

·Método Payne:

Suponiendo que las *startups* valieran dos millones de dólares.

	Factor	Evaluación	Peso	Valor máx.	Valor Real
1.	Equipo emprendedor	2	30%	600 k	600 k
2.	Mercado	4	25%	500 k	500 k
3.	Producto	3	10%	200 k	200 k
4.	Ventas	5	10%	200 k	200 k
5.	Etapas	3	10%	200 k	200 k
6.	Otros	2	15%	300 k	300 k

Total del valor tomando en cuenta el Método de Payne: 1,160 millones de dólares.

Para el último método debía responder la pregunta de cuánto dinero necesitaban, cosa que le iba a tomar algo de tiempo, por lo que decidió sentarse, encender su computadora y jugar con un excel.

¿Cuánto dinero pedimos?

Sabían la posible valuación de su empresa de acuerdo con ambos métodos, aunque aún no la ponían a prueba con distintos inversionistas. Lo que Virgilio les dijo fue que «A fin de cuentas, el mercado manda: oferta vs demanda», es decir, a fin de cuentas, puedes ponerle tú o alguien más un valor a las cosas pero hasta que alguien no saque la cartera y lo pague, no sabes cuánto realmente vale. Lo que les faltaba en ese momento era entender cuánto dinero necesitarían para llegar a su siguiente hito o *milestone*. Como ya le estaban entendiendo a eso del *venture capital*, capital semilla y demás gracias a las personas con las que se habían reunido y a la investigación que hicieron en internet. Por ende, sabían que la cantidad a pedir dependía de dos factores:

1. El dinero necesario para llegar a su próximo objetivo de verdad importante

2. El dinero necesario para operar al menor 12 meses, de preferencia 18

¿Qué es *venture capital*?

El *venture capital*, capital emprendedor o capital de riesgo es el dinero que se invierte en nuevos negocios de alto riesgo y alto potencial de ganancias. Por lo general, cuando se habla de *venture capital* se refiere a inversión en *startups*.

El objetivo más importante para ellos era llegar a su **punto de equilibrio**, es decir, a vender lo suficiente para que la utilidad bruta cubriera los gastos fijos. Después de mucho analizar la situación, trazar proyecciones en Excel, tomar en cuenta otros factores como la mejora del costo de venta, el aumento de gastos fijos, otros proveedores de servicios, etcétera, llegaron al número mágico. De acuerdo con su análisis, necesitarían 1.5 millones de pesos, ahora que, si pretendían asegurar los 12 meses de operación, la inversión requerida subiría a aproximadamente 3 millones de pesos.

¿Qué es utilidad bruta?

La utilidad bruta es el dinero que ganas por cada unidad (producto o servicio) que vendes.

Por ejemplo: si vendes relojes a 10 pesos y la producción de cada reloj te cuesta 8 pesos, tu utilidad bruta es de 2 pesos.

¿Qué es el punto de equilibrio?

El punto de equilibrio es cuando los ingresos o ventas de la empresa son iguales a los gastos y costos, es decir, entra a la empresa lo mismo que sale.

Round 7

Las primeras reuniones

«Lo importante no es que tan fuerte golpeas, sino lo fuerte que pueden golpearte sin que te des por vencido».

Rocky Balboa

Había llegado la hora. Los socios lograron determinar la valuación para su *startup*, tenían ya una lista de posibles inversionistas y decidieron comenzar con el más grande. Su idea fue que, si él se sumaba, otros lo seguirían (cosa que muchas veces es cierta). Así fue como contactaron a Manuel, un empresario exitoso que manejaba las empresas que había creado su papá. Prepararon una presentación, varias tablas de Excel con la información de las proyecciones de Medex e imprimieron un plan de negocios.

Como estrategia, decidieron que sería mejor si solamente uno de ellos presentaba mientras el otro tomaba notas sobre las reacciones y comentarios de Manuel, aunque obviamente también respondería a las preguntas sobre los temas de su área de especialidad. Por lo tanto, Nacho sería el encargado de ejecutar la presentación y Toño serviría como apoyo. La reunión sería un éxito si conseguían el 'sí' de Manuel para apoyarlos con al menos un tercio de la inversión requerida, es decir, 500 mil pesos de los 1.5 millones de pesos que valía su empresa.

> **Objetivo**
> **1.5 millones**

El día de la reunión los recibió Sofía, la asistente de Manuel. Los pasó a la sala de juntas, donde Manuel se reuniría con ellos unos minutos después. Antes de que Sofía saliera, Toño le pidió que por favor los ayudara a conectarse al proyector y se quedara con ellos hasta asegurarse de que todo funcionara de manera correcta. Tardaron un par de minutos, pero lograron el primer objetivo: estar preparados con la presentación proyectada antes de que Manuel llegara a la sala de juntas. Pasaron apenas unos segundos cuando entró y los saludó amable. Luego sucedió algo que no esperaban: detrás de él llegó Eduardo, su hermano. Manuel les dijo que lo había invitado a la reunión para que escuchara la oportunidad de inversión y así entrarle los dos, porque, así como ambos manejaban los negocios que en algún momento había emprendido su papá, ambos se apoyaban e invertían juntos.

Nacho comenzó con la presentación y, antes de que hubiera terminado con la segunda diapositiva, Eduardo lo interrumpió con un jab.

—No entiendo. ¿Solo son una farmacia a domicilio? ¿Cuál es la diferencia con otras farmacias ya establecidas que ya cuentan con servicio a domicilio? Yo podría pedir ahorita algo de dos o tres farmacias y me lo llevan a la casa o aquí a la oficina.

Nacho intentó explicar por qué eran diferentes y mejores, pero Manuel y Eduardo siguieron interrumpiéndolo con preguntas que, para Nacho y Toño, carecían de sentido y hasta sonaban torpes. Sin embargo, no les quedaba de otra más que responder de la mejor manera que se les ocurriera. Lo que debió ser una reunión provechosa de una hora rápido se convirtió en un fracaso de hora y media. Nacho y Toño salieron con un NO rotundo y bastante confundidos.

En el carro, de regreso a la oficina iban quejándose de la poca cabeza de los señores y su pobre visión del negocio.

—¿Cómo es posible que tengan tanto dinero y estén tan brutos?

—Neta, ¿no pueden ver que nuestra startup, aunque más chica, es mucho mejor que lo que actualmente ofrecen las otras farmacias?

—¿Cómo creen que existe Netflix, Amazon e Ikea?

—¿A poco desde que empezaron eran los monstruos que son ahorita?

Se tranquilizaron apenas entraron a la oficina. Total, ya habían terminado de quejarse de los dos empresarios y estaban dispuestos a continuar con la búsqueda de inversión, ahora con Eugenio, un amigo en común e hijo de otro empresario fregón y de mucho dinero. En su mente se dibujaron dos posibles escenarios: invertía Eugenio o invertía su papá.

Programaron una cita para comer. Al llegar pidieron unas cheves porque era viernes a medio día y Eugenio se pasaría al golf después de la comida. Luego de las típicas palabras de cortesía, comenzaron a platicarle de Medex y, aunque al principio Eugenio se sorprendió por la idea e incluso lo emocionó, comenzaron a salir algunas dudas similares a aquellas que salieron en la reunión con Manuel y Eduardo. Al terminar la comida Eugenio les pidió toda la información para revisarla la semana siguiente. Él platicaría del tema con su papá para ver si entre los dos invertían algo de dinero.

Algo similar sucedió con otras cinco reuniones celebradas con diferentes personas:

1. Gabriela: la inversionista que lo puede todo

Gabriela era una empresaria muy exitosa, con varios negocios andando desde hacía ya varios años. El más grande de sus proyectos tenía en pie casi dos décadas, así que bueno, algo sabía. Ella quedó de verse con ellos en su oficina para platicar de este nuevo negocio de medicinas o farmacia al cual la estaban invitando a invertir. Ya en persona platicaron por unos minutos sobre el negocio, los retos y los logros que habían cumplido hasta el momento para, por último, llegar a hablar de la inversión requerida y el porcentaje que estarían dispuestos a dar a cambio de la inversión. El monto no le sonó nada extraño a Gabriela, de hecho, de acuerdo con la explicación y al uso que le darían a ese dinero, tomando en cuenta los sueldos de ambos emprendedores, le pareció adecuado. Sin embargo, cuando le dijeron el porcentaje que estaban dispuestos a dar, la cosa se vino hacia abajo. La respuesta de Gabriela fue: «Con ese dinero yo podría hacerlo sola y quedarme con el 100% de la empresa, ¿Por qué haría la inversión con ustedes para solamente tener el 9%?».

La respuesta era muy sencilla, pero difícil de digerir: «Porque no es tu *core business*, Gabriela». Dicho de otra forma: «Porque nunca le vas a poner el mismo empeño que nosotros y los empleados que tengas trabajando tampoco lo harán; porque, podrás tener el dinero, mas no tienes el tiempo y el enfoque para hacerlo; porque nosotros ya empezamos, vamos bien y es todo lo que tenemos y, por ende, haremos todo lo posible por hacerlo funcionar».

Claro que decirlo de esa forma no iba a resultar en un buen final a la reunión, por lo que los emprendedores intentaron decirlo con otras palabras y otro tono, aunque no funcionó y la reunión terminó en un «Gracias, yo paso». Un round que perdieron.

2. Juan: el inversionista con ideales

La siguiente reunión fue con Juan, millonario que había dedicado los últimos diez años a la beneficencia, el altruismo y a la creación de negocios sociales que brindaran un bien mayor a la sociedad, más allá del bien económico o el trabajo. El 'no' que les dio fue rápido y claro. Cuando se sentaron todos a la mesa, se llevaron una gran sorpresa. A Juan no le gustaba la idea de vender medicamentos porque para él la salud era un derecho universal, por lo que no debía cobrarse nada, nunca, independientemente de la situación y, por más negocio o bien que se estuviera haciendo, el hecho de vender medicamentos quedaba fuera de la discusión. Así que era un no rotundo de su parte. Por supuesto, la conversación no acabo ahí, sino que tanto Nacho como Toño se llevaron una buena lección humanitaria, de derechos humanos y de por qué su negocio no iba con la mejor visión y versión del mundo, al menos de acuerdo con la teoría de Juan. Un round quizá empatado, porque siempre algo se aprende.

3. Mariano: el inversionista típico

Se vieron en un café muy chic a las once de la mañana para platicar más a fondo sobre el negocio y la inversión. A Mariano le había gustado mucho lo que escuchó por teléfono y prácticamente desde que se sentaron ya tenía el 'sí' en la boca. Sin embargo, pasó algo similar que con Gabriela: Mariano no podía entender por qué 1.5 millones de pesos solamente valían, de acuerdo con los emprendedores, 9% de la empresa. Él pensaba que se estaría convirtiendo en el socio capitalista y se quedaría con al menos un 60% de la empresa, para que Toño y Nacho se repartieran el 40% restante. Por más que extendieron la plática, era muy difícil llegar a un punto medio habiendo una diferencia tan grande. Se dieron las gracias mutuamente por su tiempo y concluyeron la reunión con una sensación de extrañeza y de haber perdido ese también.

4. Raúl: el inversionista filántropo y tradicional

La experiencia con Raúl fue distinta, más no muy diferente en cuanto a la conclusión de los otros inversionistas, ya que terminó en un 'no'. Ahora bien, la razón fue otra. Los citó en una cafetería del centro de la ciudad, uno de esos restaurantes que parecen haberse quedado en la década de los cincuenta, con recortes de periódico amarillento enmarcados, con una atmósfera antigua, pero no por hípsters, sino porque así nacieron y eso les mantenía a los clientes. A Raúl no le gustaban las cosas nuevas, de hecho, les dijo: «A mí tráiganme algo más normal». Él quería apoyarlos a ambos como inversionista porque a él también lo habían apoyado en su momento, sin embargo, no le gustaba que hubiera tanto riesgo, el hecho de que no tuvieran activos fijos algo importante porque, si la empresa quiebra, mínimo vendiendo los activos podrían recuperar algo del dinero. Y, por otro lado, si se suma el valor de los activos, pues al menos queda algo real con lo cual valuar la empresa. Tampoco le gustó que el modelo de negocio fuera algo tan nuevo que pocas veces se había visto. Él quería invertir en taquerías, peluquerías, un negocio de construcción, ensamblado, etcétera. Terminó por decirles que su puerta siempre estaría abierta, pero no para ese tipo de negocios.

5. Andrea: la inversionista centrada

Los tres fueron a desayunar a un lugar muy *healthy*. Andrea era una emprendedora bastante joven, pero a la que ya le había ido bien y la conocían en diferentes círculos. Ella fue quien eligió este lugar porque, según empezó contándoles, pretendía mantener una vida balanceada y cuidar mucho de su salud, no solamente para tener una mejor apariencia sino porque, más importante, era tener energía para mantener el ritmo de vida que le exigían sus dos trabajos, su empresa y su familia. Toño tomó nota mental de esta razón que les había dado, aunque fuera para los próximos años. Luego les dijo que, aunque su esposo también ayudaba bastante en la casa, para ella seguía siendo muy importante comer con sus hijas todos los días y recogerlas de la escuela. Cuando terminaron de platicar tanto de la *startup* como de su valuación y la inversión que necesitaban, Andrea les dijo que ella no entendía muy bien ese «nuevo mundo de las *startups*», pero que tenía un amigo que lo entendía bien. Que, como personas, le habían caído bien y como emprendedores le parecían bastante capaces. Terminó por decirles que fueran con su amigo y, dependiendo de lo que él hiciera, ella tomaría una decisión, que muy probablemente fuera igual a la de su amigo.

En cada una de las reuniones les pedían más información y les prometían darles noticias en unos cuantos días. Algunos lo harían, otros quizá los pasarían a una lista de pendientes que nunca se cumplirían. De todas formas, a ellos les correspondía esperar y seguir jalando.

Takeaway del Round 7

Levantar capital para proyectos de tecnología e alto impacto en Latinoamérica no es sencillo. Esto por muchas razones. Primero, porque tenemos una cultura basada en el escepticismo, malinchismo, y «cangrejismo» —como dice Hugo Sanchez—, una cultura que pide a gritos confiar más en las otras personas, aunque queremos que empiece en los «bueyes de mi compadre».

Así se siente platicar con algunos inversionistas: a veces personas que piden «tocar» el producto (*si no tienes activos, tu empresa no vale*); a veces quienes dicen que ellos no invierten en locuras; personas que recuerdan que tu ciudad no es Sillicon Valley y nunca lo será. Todos ellos quisieran poder invertir en Facebook Latino, pero quieren poder comprarlo a precio de *startup* cuando ya es público.

Dicho lo anterior, hay muchos fondos e inversionistas que llevan apostándole duro a VC. En México: Ignia, Dalus, Ideas y Capital ALL VP, Jaguar, Dila... todos llevan múltiples fondos; también hay colectivos de ángeles (Ark.Angeles, Ángeles Sindicados, Angel Ventures así comenzó...). Todos estos —y muchos más— invierten en etapa semilla y tempranas. En mi experiencia de ambos lados de la mesa, en lo que se fija un inversionista en etapa temprana se resume en dos cosas: el equipo y su dinámica, y el tamaño y dirección del mercado.

El equipo y su dinámica refleja quién es el equipo y cómo trabajan juntos: ¿tienen experiencia relevante? ¿Cuál es su relación? ¿Cómo se repartieron el capital? ¿Qué hace cada uno? ¿Cómo discuten entre ellos? No es solo (es más, es casi nada) un tema de credenciales, es más bien de competencias y aptitudes, pasión por el problema y confianza. La mayoría de las *startups* fracasan por problemas en el equipo. La manera de minimizarlo es generar confianza, procurar que sea competente (relativo al problema) y que tenga la suficiente pasión como para aguantar los trancazos que vendrán. Por eso no es sólo el equipo, es importantísima también su dinámica.

El tamaño y la dirección del mercado es la segunda parte de la ecuación. Es más fácil de definir: ¿cuál es el tamaño del mercado hoy? ¿Cómo cambiará eso en cinco años? Hay empresas que crean mercados (AirBnB) y hay otras empresas que aprovechan olas demográficas (Salesforce).

Existe una tercera parte que, como emprendedor y como inversionista, considero importante, aunque no a todos los fondos en Latinoamérica les importa: *Unit economics* y cómo cambiarán a escala. ¿El emprendedor entiende cuánto le cuesta adquirir un cliente y cuánto le va a traer de ingresos? ¿Cómo define la parte de ingreso? ¿Contribución Marginal? o ¿GMV? Para mí es importante entender estos números básicos y que la manera de calcularlos sea sensata. En algunos casos, los fondos te lo preguntan pero no lo entienden –repiten métricas que leyeron en algún blog de A16Z– pero, bueno, al menos preguntan. Por ejemplo, si te dicen que tu LTV sobre CAC tiene que ser 3:1, pero no se molestan en entender si el *re-payment* sucede en cinco meses o en cincuenta... sabrás que no entienden de eso.

Con todo lo que hay en Latinoamérica, si tienes un negocio y el equipo lleva una dinámica sana y duradera, un mercado grande y en crecimiento, y *unit economics* probados, replicables, y positivos, debería ser relativamente sencillo levantar capital. Eso sí, no te exhime de trabajar en tu historia para hacerlo más sexy, ni de trabajar en técnicas de negociación para generar FOMO rápidamente. Así, tus posibilidaes de levantar serán mucho más altas.

Round 8

Growth hacking

«Todo el mundo tiene su plan, hasta que les dan un trancazo en la cara».

Mike Tyson

Al parecer, recibir la inversión iba a ser bastante más difícil de lo que se habían imaginado. Lo bueno fue que seguían contando con los 100 mil pesos de Bernardo para cuando los necesitaran. Según ellos, tenían tres opciones: 1) recibían la inversión, 2) vendían más para cubrir gastos, 3) quebraban por falta de dinero. Obviamente, la última no era una opción que contemplaran, la segunda era la mejor y, la más sencilla, la primera. Por eso eligieron buscar capital, pero ahora que conseguir la inversión no se veía tan fácil, comenzaron a cuestionarse si no sería más sencillo crecer más rápido y lograr el punto de equilibrio antes de quedarse sin dinero.

Decidieron seguir con los esfuerzos por conseguir inversión, pero igual meterle turbo al tema de la venta y el crecimiento. Toño acababa de leer un libro sobre negocios y crecimiento, algo que había encontrado en el pasillo de una librería y que le llamó la atención por las palabras en el título en la portada: ***growth hacking***. En la contraportada se usaba como ejemplo la manera en que Hotmail y Dropbox habrían crecido tan rápido. Toño leyó el libro en friega y se lo resumió a Nacho. Juntos idearon una manera de crecer utilizando una técnica de *growth hacking*.

Si en ese momento sus utilidades brutas ascendían al 10% y la mayoría de sus clientes compraba casi la misma cantidad de medicamento por mes, ¿qué pasaría si le ofrecieran a sus clientes un 10% de descuento durante tres meses por el simple hecho de referenciar a otros? De esa forma, los primeros tres meses perderían la utilidad con uno, pero esta se recuperaría con el cliente referenciado y, a partir del cuarto mes, ganarían de ambos. Nacho, por su condición de diabético, le dijo a Toño que la mayoría de los diabéticos conoce a otro y, por ende, creía que todos comenzarían a referenciar a otros y eso les daría el doble de clientes en uno o dos meses. De esa forma llegarían al punto de equilibrio mucho más rápido.

¿Qué es growth hacking?

El *growth hacking* es una forma de generar crecimiento en la empresa tomando en cuenta no solamente las estrategias de marketing sino también el producto, la base de usuarios entre otras cosas.

Tardaron poco en arrancar con el diseño de la campaña de marketing para comunicarle a sus clientes actuales que, al referenciar a otra persona, se ganarían un 10% de descuento. Dos días después de generar la idea, lanzaron la campaña por correo electrónico. Para su sorpresa, solo unos cuantos abrieron el correo y, de esos, pocos respondieron pidiendo la clave de referencia que usarían Toño y Nacho para identificarlos.

Un par de días después comenzaron a caer los referenciados. No eran tantos como esperaban, pero definitivamente ayudaban y esa semana crecieron más de lo normal. Fueron nueve los clientes que refirieron a otros y ahora ellos estaban haciendo sus pedidos. Tanto Nacho como Toño estaban apresurados con los pedidos, la repartición, la cobranza y la compra en las distintas farmacias y, cuando de verdad ya no podían más con la carga de trabajo (en este caso, algo bueno porque el negocio, sin inversión, seguía creciendo), sonó el teléfono de Nacho. «¡Me están cobrando 900 pesos en vez de 300! ¡Yo les mandé a siete personas, merezco el 70% de descuento no solo el diez!», gritó furioso Marco, uno de sus clientes.

Nacho intentó explicarle a Marco que solamente estaban dando el 10% de descuento por cliente y no 10% por persona referenciada. Marco le hizo saber que eso no es lo que decía el correo y que él quería su 70% de descuento. Sin pensarlo de nuevo, Nacho accedió, le pidió disculpas a Marco y le dijo que él regresaría el dinero en persona, en su casa, cuando le entregara las medicinas. Antes de que terminara el día y Nacho pudiera platicar del caso de Marco con Toño, otras dos personas ya le habían hablado a Nacho con situaciones similares, pues habían referenciado a más de una persona y solo recibieron el 10% de descuento. Nacho resolvió esas situaciones de la misma manera que con Marco.

Nacho y Toño la habían regado: lo que comenzó como una estrategia para alcanzar flujos positivos rápidamente, al parecer ahora les iba a comer el poco dinero que les quedaba. Venían tres meses en los cuales debían venderles al menos a nueve de sus clientes con un descuento de entre el 10% y el 70% dependiendo de cuántas referencias hubieran completado cada uno de ellos. Lo anterior suponiendo que uno no le encontrara el *hack* al *growth hack* referenciando a más de 10 para no solamente recibir sus medicinas gratis, sino aparte ganar dinero con cada uno de sus pedidos.

Les había salido el tiro por la culata y sería necesario corregir el error lo antes posible. Nacho envió el primer mail a sus clientes actuales a las dos de la mañana, aunque lo programó para las siete en punto. En el correo informaba que cancelaban la oferta y pedían disculpas, es decir, ya no podían referenciar a otros y ganar el 10%. Decidieron que, en un par de semanas volverían a lanzar la oferta asegurando que solamente pudieran recibir el 10% de descuento, si es que su flujo de efectivo se los permitía. Esta era solo la primera acción para resolver el problema porque con esto aseguraban que no se agujereara más el barril, pero no tapaba los agujeros ya hechos.

Les tocaba tapar agujeros. Solo eran nueve clientes con descuentos grandes, así que decidieron ir con cada uno de ellos para explicarles la situación y pedirles por favor que les perdonaran el error. El objetivo era ser absolutamente claros y dejarlos felices con el 10% de descuento en sus próximos pedidos. Para hacer las cosas un poco más interesantes, Nacho y Toño decidieron competir para ver quién podía convencer a más clientes. Como eran nueve, quien llegara a cinco ganaría. El perdedor le invitaría unos tacos al otro (hubieran apostado un *ribeye* pero... pues no traían lana).

Fueron con cada uno de ellos y, después de explicar no solo el error, sino la situación de la empresa, cómo es que había comenzado, el éxito que disfrutaban, así como el enorme esfuerzo detrás de todo, siete de los nueve estuvieron de acuerdo en recibir nomás el 10% en sus próximos pedidos de los tres meses siguientes. Por desgracia, los dos que no accedieron eran quienes más personas habían recomendado: uno de ellos referenció a siete y el otro a ocho clientes, es decir, iban a pagar solamente el 20 y 30% en sus siguientes pedidos, sin un monto mínimo o máximo definidos.

Toño ganó la competencia cuatro a tres y, con la competencia, los tacos mañaneros de chicharrón. Aprendieron bastante, no solo que la mayoría de las personas están dispuestas a ayudar si uno pide ayuda, sino también que la mayoría de sus clientes amaba el servicio y lo pedían con cierta frecuencia, algunos de ellos cada semana, otros cada dos semanas y otros cada mes. ¿Sería esto algo que se pudiera aprovechar?

Takeaway del Round 8

Growth hacking es un término *fancy* que muchas veces se usa de forma incorrecta. Como bien lo dice Tuto, el *growth hacking* engloba todos los esfuerzos hechos con el objetivo de crecer, ventas, usuarios o cualquiera que sea la métrica importante que defina el éxito de un negocio en particular.

Las definiciones más comunes se centran en actividades de adquisición de usuarios como la que idean Nacho y Toño: programas de referidos inspirados por el éxito de casos como el de Dropbox, pero definitivamente no paran ahí. Para crecer un negocio lo primero es, como se dice en el round, «tapar agujeros», y no solo de flujo de dinero. Es mucho más sencillo venderle nuevamente a un cliente actual que conseguir uno nuevo, así que si de crecer se trata, pensemos en no perder usuarios, generar más ventas de los que tenemos y aprovecharlos para atraer más personas como ellos.

El *growth hacking* va mucho más allá de una promoción o un programa de referidos. Para lograr los resultados que buscas, debes de pensar en cómo tu usuario o cliente interactúa con tu producto o servicio. El cambio de un flujo, de un *copy* en una pantalla o el *call to action* en un botón, pueden ser la diferencia entre vender de nuevo o convertirte en coladera. Piensa en cómo puedes motivar a tus usuarios actuales a realizar esas acciones que te generarán retención más adelante, en cómo puedes deleitarlos para que su reacción natural sea hablar de tu existencia.

Con el *growth hacking* se vuelven útiles muchos conceptos de *behavioral economics*. Si entiendes cómo piensa un usuario puedes motivarlo de manera subconsciente a hacer lo que quieres y, así, ayudarte a crecer. La mente de un *product owner* siempre debe ser la de un *growth hacker,* no importa si sabe programar o no, si sabe diseñar o no, si es mercadólogo o no, lo único que importa es que conozca su producto (y espero que a su cliente) mejor que nadie. Con eso y una infinita imaginación es posible probar cuantas ideas lleguen a tu mente para ayudarte a crecer.

Oswaldo Trava
fundador y CEO, INSTAFIT

Round 9

La estrategia del *fundraising*

«La simplicidad es la clave del éxito».

Bruce Lee

La estrategia de crecimiento no fue ejecutada de manera correcta y les salió el tiro por la culata. Se volvió necesario enfocar sus esfuerzos en levantar la inversión requerida. Sabían que algo había estado haciendo mal, pues seguían sin un solo inversionista y recibieron comentarios y preguntas similares de todos los posibles inversionistas con lo que se habían juntado. Buscaron a Virgilio una vez más pensando que él podría ayudarlos a analizar sus errores y encaminarlos. Virgilio, entendiendo por lo que estaban pasando, los recibió con mucho gusto en su casa para desayunar un sábado por la mañana.

Virgilio se arremangó y, recordando sus años de profesor en la universidad, comenzó a darles una lección sobre estrategia y las herramientas necesarias para levantar capital. Ambos sabían que Virgilio era un fregón y tenía mucha experiencia en emprendimientos e inversiones, pero nunca se imaginaron que supiera tanto de *venture capital*, específicamente hablando del capital semilla.

Dijo: Levantar capital para su *startup* es como vender, pero en vez de vender un producto o servicio, están vendiéndose a ustedes mismos y su negocio. Dicho lo anterior, el proceso de levantar capital se conforma de tres etapas:

1. *Getting leads*
2. Prospección
3. Venta

Luego les habló de estas etapas:

· Etapa 1

Getting leads:

Es lo más fácil y de esto depende el resto del proceso. Con *leads* malos, por más bien que se realicen los siguientes dos pasos, no van a vender nada. Entonces, lo primero que deben hacer es preguntarse: ¿quién es nuestro cliente perfecto? O, en este caso, el inversionista perfecto. La segunda pregunta es: ¿a quiénes conocemos que tengan algo de dinero y que puedan invertir en nosotros, como familiares, amigos, o incluso conocidos de sus conocidos? Y, por último: ¿quiénes de estas personas tienen el perfil o al menos varias similitudes con el perfil de la pregunta uno? No vamos a hacer el ejercicio ahorita porque nos llevaría todo el día y me voy al rancho en dos horas, ya que sean millonarios los dejo que me lleven en su helicóptero.

Hay que tener en cuenta que el cliente perfecto no es solamente alguien con mucho dinero, hay otros factores que tomar en cuenta, algunos que a veces son más importantes que la cantidad de dinero de la persona, por ejemplo:

1. **T**iempo disponible
2. **R**eputación
3. **A**versión al riesgo
4. **N**ivel de educación
5. **C**ontactos
6. **A**ctuales y previas inversiones
7. **Z**ona geográfica
8. **O**tros
9. **S**ituación familiar y de salud

Nacho y Toño habían decidido grabar todo ahora en su teléfono. Virgilio siguió:

—Por ejemplo, para su proyecto es más fácil encontrar inversión de un diabético que de alguien que no padece diabetes, simplemente porque el primero entiende el problema y existe una probabilidad de que él mismo quiera hacer algo para ayudar a otros diabéticos, tal y como lo siente Nacho.

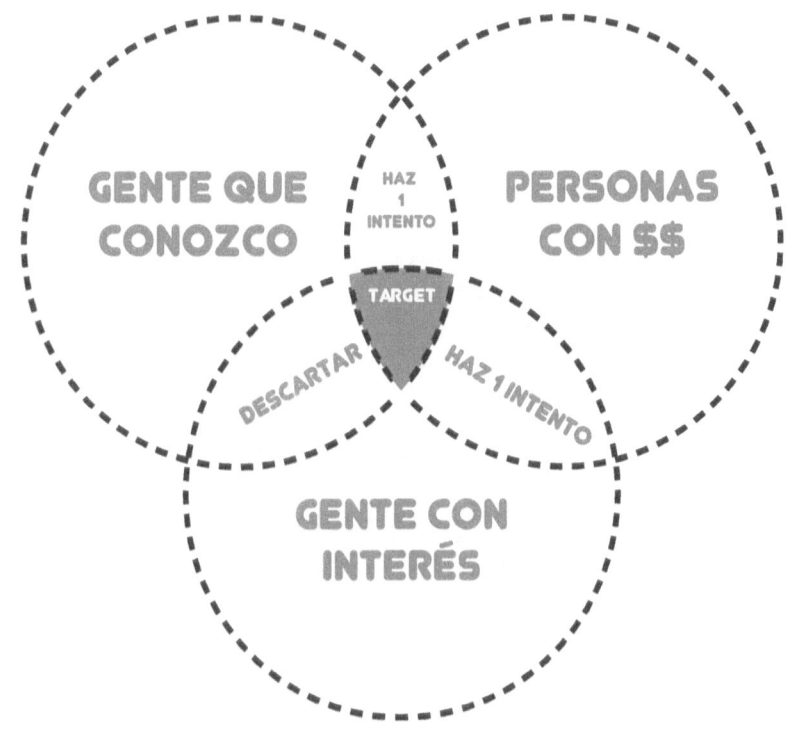

—Existen muchas páginas de internet que pueden ser útiles para esta etapa, desde una genérica como Google, hasta llegar a una más específica a la industria del *venture capital* como AngelList. Y no solo páginas, sino también los famosos *demo-days*, los cuales considero como el mejor lugar para identificar leads y prospectar con rapidez. Pero bueno, la siguiente etapa...

Es un *demonstration day* o día de demostración o presentaciones. Es un evento que hacen muchas aceleradoras e incubadoras de *startups* para que los emprendedores presenten ante muchos inversionistas al mismo tiempo con el objetivo de recibir inversión de alguno de ellos.

· Etapa 2

Prospección

Como con un diagrama de Venn, entonces será necesario contactar a quienes terminen ubicados en el centro. La mayoría de las personas buscarán a sus contactos directos o de primer grado y pedirán referencias a los contactos en común para conectar con los de segundo grado. Y, aunque llegar con alguien por medio de una referencia es lo ideal, a veces nunca sucederá y otras veces irá demasiado lento. Yo propongo fijar una fecha límite para recibir ya sea un sí o un no de sus contactos en común y, si no lo reciben, intentar con un *cold email* o *cold call*. Y, si vamos a mandar *cold emails*, pues ¿por qué no intentarlo con quienes no tenemos a nadie en común? Claro que es más difícil que estos inviertan en su negocio pues no existe esa prueba o credibilidad social, pero vale la pena intentarlo.

Virgilio sacó su computadora y, luego de unos clics, les enseñó una diapositiva que tenía guardada para alguna de sus presentaciones. Y dijo:

—Este es un ejemplo de un *cold email* de alguien que le quiere vender algo a una empresa. Échenle un ojo.

Los dos leyeron:

Hola, Marco:

Me gustaría platicar contigo sobre las estrategias de marketing digital. Me parece que podría reducir su gasto al menos en un 20% tal y como lo he hecho con Sabritas, Rotoplas y Adidas.

Ayudo a grandes empresas a reducir su costo de marketing digital, siempre aumentando la conversión de clientes, todo esto en menos de 4 semanas.
¿Tendrás 15 minutos para una llamada? Propongo las siguientes opciones:

> **1.** *Martes 19 de enero a las 15:30 pm*
> **2.** *Martes 19 de enero a las 16:15 pm*
> **3.** *Jueves 21 de enero a las 11:15 am*

Si ninguno de los horarios anteriores te funciona con gusto me acomodo a tu horario.

Me tomé la libertad de contactar también a x, y y z esperando uno de ustedes sea la persona correcta para hablar sobre el tema.

Saludos.

Nacho y Toño se voltearon a ver, sorprendidos por la simpleza y hasta lo frío del correo. Sin embargo, por algo se los decía.

—El *cold email* —dijo Virgilio— es todo un arte y podríamos platicar toda la tarde sobre eso, pero hay tres cosas que considero las más importantes:

1. El objetivo del asunto es que el cliente/inversionista abra el correo

2. El correo debe escribirse como si el destinatario fuera un amigo

3. Nunca, nunca, adjunten un documento, presentación, imagen, etcétera

La parte del envío de correos les pareció bastante práctica y fácil de entender. Virgilio siguió:

—Hay que dejar en claro que, cuando prospecten, es importante respetar tanto el tiempo del prospecto como el de ustedes y, para esto: intenten sacar una llamada de máximo 15 minutos, no juntas, reuniones ni más. Esto, además de ahorrarles tiempo en caso de que les digan que no, será más fácil y rápido, pues es más fácil encontrar una ventana de 15 minutos en la agenda de una persona que una de una hora. Por alguna razón, la mayoría comenzamos a trabajar partiendo nuestro día en 8 partes de 1 hora, pero creo que debemos de comenzar a partirlo en partes de treinta minutos y luego de quince minutos. Creo que llegar a los cinco minutos ya sería una exageración, pero hay quien dice que Elon Musk así administra su día o más bien, así le administran su día. Claro que ni ustedes ni yo somos Elon Musk.

9AM	☐	9:00	☐
10 AM	☐	9:15	☐
11 AM	☐	9:30	☐
12 PM	☐	9:45	☐
1 PM	☐	10:00	☐
2 PM	☐	10:15	☐
3 PM	☐	10:30	☐
4 PM	☐		☐
5 PM	☐		☐

Iban a entrar a la última etapa.

Etapa 3
La venta o el *pitch*

—Aquí es cuando se usan las presentaciones, a excepción de la presentación del *demo-day*, si es que ese fue el inicio de la conversación con el inversionista —dijo Virgilio.

Luego siguió:

—Yo les recomiendo diseñar tres presentaciones para inversionistas, cuyo objetivo principal sea convencer al inversionista de invertir en su *startup*, aunque sea particularmente el objetivo de cada presentación. Al igual que el *cold email* u otra herramienta de ventas que se presente por escrito, cada línea escrita o cada parte del documento debe contar con un objetivo muy claro. En el caso de las presentaciones, cada diapositiva debe pensarse con dos objetivos: el primero es según cada diapositiva y el segundo es lograr que el inversionista preste atención a la siguiente. Y cada una de las presentaciones debe basarse en la presentación anterior, solo hay que agregarle un par de cosas. La primera presentación, así como el resto, partirá de la base del *elevator pitch*.

¿Que es *elevator pitch*?

Es una explicación corta, preparada, que expresa de manera muy clara qué es lo que hace una *startup*. Por lo general, incluye en sus palabras el mercado, el problema del cliente, la solución que se le ofrece y cómo es que es mejor que la competencia o sustituto.

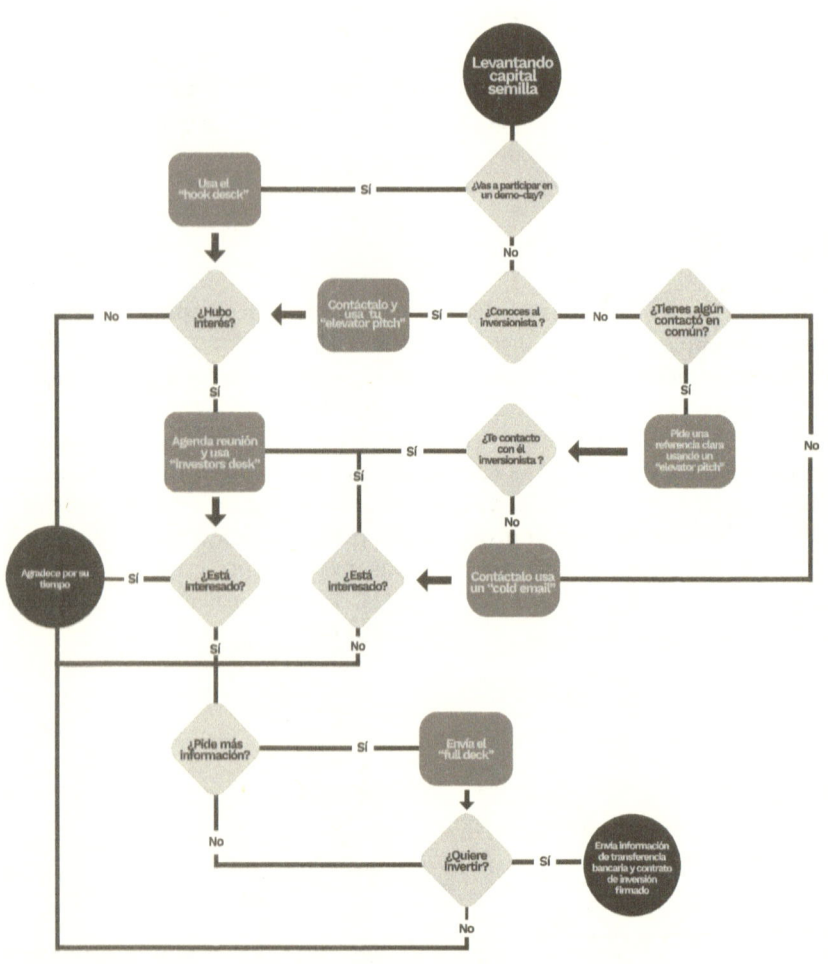

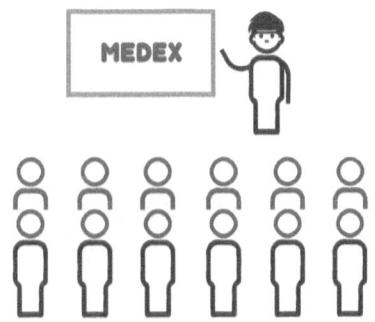

Las tres presentaciones

· **Presentación 1:** *hook deck*

Esta es la presentación que se usa en los famosos *demo-days*, aunque si bien su objetivo principal es levantar capital, el primero es interesar al inversionista lo suficiente como para que se quiera reunir con ustedes, o al menos aceptarles una llamada o videoconferencia. Hay que tomar en cuenta que, en los *demo-days*, normalmente son muchas las *startups* que se presentan, lo que puede confundir mucho al inversionista por tanta información. Hay que considerar que probablemente ninguno de los inversionistas sea experto en la industria en la que ustedes están emprendiendo y mucho menos en su modelo de negocio, por lo que deben usar palabras comunes que cualquiera pueda entender; las *buzz words* no les van a ser útiles, solo podrían causar que su audiencia se confunda y, una de dos: les dejan de prestar atención porque ya no les interesó o les dejan de prestar atención porque están intentando aprender lo que significa WoM, CAC, CLTV, WoW, GMV, etcétera.

El *hook deck* debe incluir justo lo necesario para convencer al inversionista de que vale la pena hablar con ustedes, eso y nada más. Por lo general, estas son las diapositivas que deben incluir en el *hook deck*:

1. Logo y descripción resumida
2. Usuario y su problema
3. Solución
4. Tracción
5. Mercado: tamaño y crecimiento
6. Mercado inicial – *beachhead market*
7. El equipo
8. Resumen

No olviden que el objetivo de este *primer deck* no es que el inversionista invierta, sino gancharlo para que quiera reunirse con ustedes a acercarse o entender más del negocio, conocerlos y definir si quiere o no invertir.

· **Presentación 2: *investors deck***

Esta presentación se usa presencialmente, en una junta con el inversionista, en la que ambas partes han mostrado interés en explorar una posible inversión y existe el tiempo suficiente, por lo general una hora, para platicar de los temas más importantes del negocio. Es una presentación muy similar al *hook deck*, en la que solo se incluyen unas cuantas diapositivas, manteniendo siempre todas tan sencillas como sea posible. Aunque aquí tenemos tiempo de explicar más cosas, de todos modos intentaremos que el inversionista pueda comprender el negocio con solo ver la presentación.

Estas son las diapositivas que lleva el *investors deck:*

1. Logo y minidescripción
2. Usuario y su problema
3. Solución
4. Tracción
5. Ventaja competitiva
6. Mercado: tamaño y crecimiento
7. Mercado inicial – *beachhead market*
8. Modelo de negocio
9. El equipo
10. La inversión
11. Resumen

A esta solo deben de agregar tres dispositivas: una para explicar cómo y por qué es que son mejor que su competencia, otra para mostrar cómo es que van a hacer dinero y la última para explicar cuánto es el dinero que necesitan y para que lo van a usar.

· *Presentación 3: extended deck*

El *extended deck* es la presentación que pueden enviar al inversionista luego de haberse visto con él, ella o ellos a ver el *investors deck*. Muchas veces, el inversionista va a llegar con más preguntas y querrá tiempo para analizar la oportunidad de mejor forma. Aquí es cuando es útil la presentación. A diferencia de las otras dos, esta es más larga y no necesariamente hay que seguir un orden o una historia con todas las diapositivas. Hay a quienes les gusta hacer el *investors deck* y luego agregar otras diapositivas como si fueran notas; y hay a quienes les gusta agregar las diapositivas entre las del *investors deck*. Cualquiera de las dos formas está bien, depende de cada uno, de cómo prefiera contar la historia e incluso de cómo piensa que va a ser mejor para el inversionista en cuestión.

Estas son algunas de las diapositivas que pueden agregar en un *extended* o *full deck*:

1. Proyecciones financieras
2. Hitos
3. Estatus y línea del tiempo
4. Producto/tecnología
5. Estrategia de marketing
6. KPI
7. Relaciones estratégicas
8. Modas o *trends*
9. Consejeros, mentores e inversionistas

· **Reglas de las presentaciones:**

1. No escriban párrafos
2. Usen pocas palabras
3. No usen *buzz words*
4. Tipografía grande
5. Una idea por diapositiva

Estas son reglas y consejos generales que tienen muchas excepciones, porque la verdad es que cada *startup* y cada historia son diferentes, por lo que deben ajustar sus presentaciones como mejor se les acomode a ustedes y a su público, siempre siguiendo una misma línea para asegurar que el mensaje principal sea el mismo para todos, que debe seguir la fórmula:

Estamos haciendo X para resolver Y, nos está yendo muy bien y esta es una grandísima oportunidad de inversión.

Recuerdo que me dijeron que platicaron con Fer, el emprendedor que salió en el periódico hace unos días son una solución relacionada al agua. Según recuerdo, parte de lo que decía la nota es que había levantado algo de capital de un fondo de inversión local muy conocido. ¿Por qué no diseñan sus presentaciones y, antes de ir a mostrarlas a posibles inversionistas, van con Fer para que les dé unos consejos puntuales sobre la presentación?

Junta rápida y sesión con Fer

Nacho y Toño tomaron los consejos de Virgilio y, de acuerdo con sus explicaciones, comenzaron a escribir un *elevator pitch* para después armar todas las presentaciones. Comenzaron a escribir su *elevator pitch* en un pintarrón para borrar y escribir cuantas veces fuera necesario y, al mismo tiempo, pudieran los dos trabajar en él al mismo tiempo y retroalimentarse.

Estos son los intentos de *elevator pitch* y cómo se fue transformando:

> **1.** Medex es una farmacia a domicilio para diabéticos

> **2.** Medex es una farmacia a domicilio para diabéticos que, a diferencia de otras farmacias, siempre tiene las medicinas que necesitas y te las entrega a tiempo

> **3.** Para los diabéticos que batallan comprando sus medicinas, Medex es una farmacia a domicilio que promete siempre tener tus medicinas y entregarlas en menos de dos horas

Ya que decidieron cuál sería su *elevator pitch,* volvieron a pedirle unos minutos a Fer para mostrarle el resultado y, como les habían dicho, pedirle consejos puntuales. Ya con él, recordaron que la mayoría de los diabéticos compran sus medicinas de manera recurrente y decidieron no solo modificar su *elevator pitch,* sino también su oferta de valor para el cliente.

Así quedó su nuevo *elevator pitch:*

1. Para las personas con diabetes que mes tras mes batallan comprando sus medicinas, Medex es una farmacia a domicilio que te entrega mensualmente todo lo que necesitas sin necesidad de que hagas el pedido.

—¿Entonces esto es una suscripción mensual, como Netflix? —preguntó Fer.

—¡Exacto! —respondió, contento, Toño.

2. Medex es una farmacia a domicilio para diabéticos que, a diferencia de otras farmacias, no solamente tiene todos los medicamentos y los entrega a tiempo, sino que trabaja con un modelo de suscripción mensual, en el que nuestro cliente nunca más vuelve a preocuparse por tener medicinas en su casa.

—Me gusta, pero creo que no es *self-explanatory* para quienes no conocen el problema como ustedes —atinó en decir, Fer.

—A ver ¿qué te parece esto? —le dijo Nacho.

3. Muchos diabéticos compran las mismas medicinas y las mismas cantidades todos los meses. A diferencia de lo que podría creerse, el proceso de compra de medicinas es fastidioso, tardado e ineficiente. Nosotros hemos creado un club de medicinas para el diabético en el que todos los meses, de manera recurrente, le entregamos a cada uno todo lo que necesita, como cualquier otro servicio de suscripción.

—¡Perfecto! —dijeron todos

Ya que escribieron su *elevator pitch,* el cual sabían iba a cambiar con el tiempo, comenzaron a hacer la primera presentación, el *hook deck.*

Así les quedó la primera diapositiva:

Medex

Suscripción mensual de medicinas para la diabetes

Solamente incluyeron su logo y una pequeña frase para indicar de qué se trataba el negocio, no necesariamente dejando todo cien por ciento más claro, pero asegurando que se entendiera por dónde iba el asunto. El punto de esta diapositiva era que, si les tocaba presentar en algún concurso o evento, los inversionistas pudieran entender de qué se iba a tratar el *pitch* desde antes de que ellos comenzaran a hablar o, incluso, desde antes de que se pararan en el escenario.

Comprar medicinas para la diabetes no es fácil y sencillo.

Comunican, en letra grande, el problema o el *pain* del cliente. Siempre recordando que esta presentación sirve de apoyo y ellos pueden explicar más a detalle cada una de las diapositivas.

> **Suscripción mensual de medicina para la diabetes.**

Aquí se presenta la solución de manera clara para que, quien lea la diapositiva, se dé una buena idea; sin embargo, como en el resto de las pantallas, siempre son un apoyo para lo que narra quien presenta.

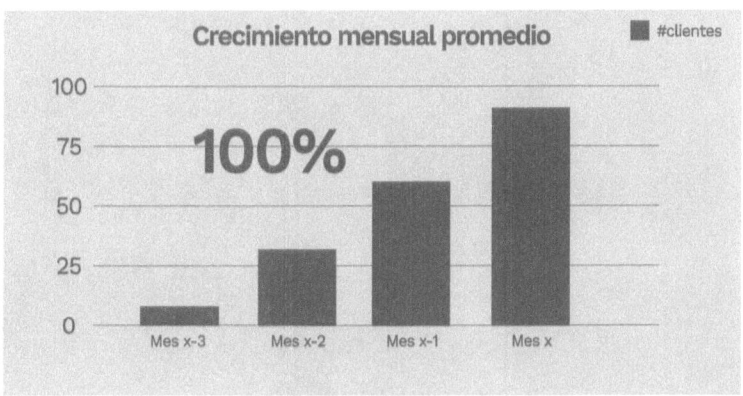

Esta es la pantalla o diapositiva del crecimiento, cuyo objetivo es mostrar que existe un mercado para lo que se ofrece y que lo que se está haciendo bien ya que la empresa crece a muy buen ritmo.

En comparación con otras farmacias:

1. Siempre entregamos a tiempo lo que se pidió.
2. El cliente solo tiene que hacer un pedido.
3. Somos más eficientes y rentables.

Aquí se habla un poco de la competencia y cómo es que la empresa no solamente es diferente, sino mejor. En este caso, no es necesario nombrar a la competencia por nombre o marca, ya que es de conocimiento público. Eso se puede hacer en el *full* o *extended deck* con más detalle.

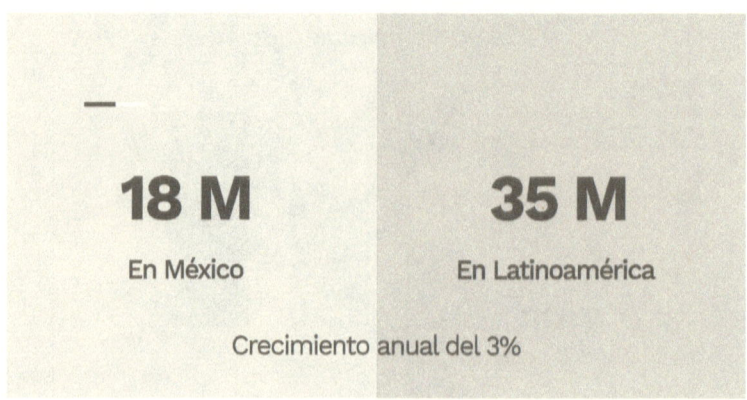

18 M
En México

35 M
En Latinoamérica

Crecimiento anual del 3%

Esta es una diapositiva muy sencilla con la que se busca expresar que el mercado es lo suficientemente grande como para que el negocio crezca a ser algo enorme y sea un excelente negocio, no solamente para el emprendedor sino también para los inversionistas.

6 MM
de dólares

en México

12 MM
de dólares

en Latinoamérica

Crecimiento anual del 3%

Es, básicamente, la continuación de la diapositiva anterior, pero ahora, en vez de hablar de número de clientes se habla de y en dólares.

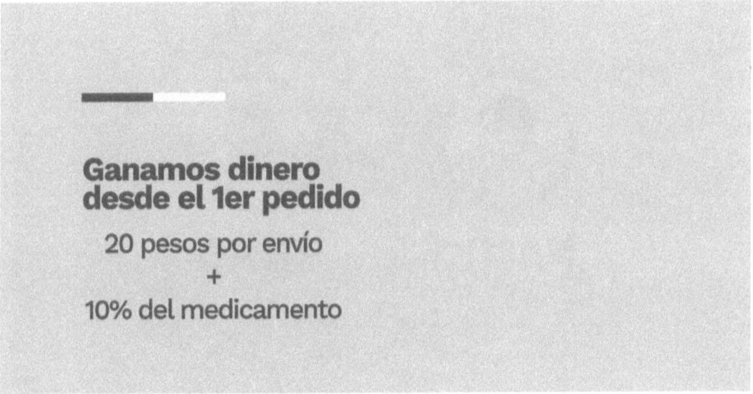

Ganamos dinero desde el 1er pedido

20 pesos por envío
+
10% del medicamento

Muchas *startups* o nuevos negocios tienen formas de hacer dinero muy distintas y, algunas de ellas, desconocidas por muchas personas. Esta imagen pretende explicar cómo es que hace dinero el negocio de la forma más sencilla posible.

> Eso es solo el principio.
>
> Existen muchas otras enfermedades crónicas.

La idea aquí es hablar un poco de los posibles mercados a futuro, los cuales no se hallan muy distantes al mercado nicho inicial o al *beachhead market*.

Imagen de los fundadores que operan la *startup*, pues es importante asociar una cara con una empresa.

De forma muy sencilla debe comunicarse cuánto dinero se necesita y qué se piensa hacer con ese dinero.

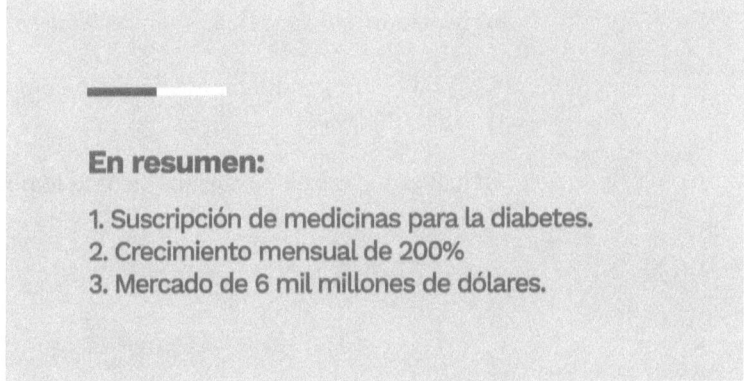

Es importante incluir un breve resumen de lo más importante con el fin de asegurar que el posible inversionista recuerde al menos lo mínimo indispensable para mantener su interés en hablar más a detalle con los emprendedores.

Takeaway del Round 9

La importancia del *fundraising* no radica solo en la posibilidad de arrancar un emprendimiento, sino en el apoyo que ofrece para sobrevivir el emprendimiento. Quedarse sin dinero es la segunda causa por la que cierran emprendimientos, después de no existe una necesidad de mercado y antes de no tiene un buen equipo. El *fundraising* es un proceso de venta. Aquí les van algunas ideas para que consideren:

Cuando vayan a ver a un inversionista potencial asegúrense de cubrir los siguientes puntos y de contar con respuestas documentadas para las siguientes preguntas:

Mercado y oportunidad:

- ¿Es una industria atractiva? ¿Cuál es su tamaño? ¿Qué tan rápido está creciendo?

- ¿Hay competencia? ¿Cuáles son las tendencias?

- ¿Quién es el consumidor ideal? ¿Qué compra y por qué cambiará?

- ¿Cuál es tu ventaja estratégica y cómo lo podrás mantener en el futuro?

- ¿Por qué ahora?

Modelo de negocio:

- ¿Cómo funciona el producto / servicio?

- ¿Cómo genera dinero? ¿En cuánto tiempo llegaría al punto de equilibrio?

- ¿Cuenta con *unit economics* positivos? ¿Ya tiene evidencia de interés?

- ¿Cómo van a conseguir nuevos usuarios? ¿Cuál es la estrategia de ventas y adquisición de usuarios?

• ¿Cuál es el modelo financiero con potencial para el futuro?

Equipo

• ¿Quién es el emprendedor? ¿Está comprometido al cien por ciento?

• ¿Tiene experiencia previa y las capacidades necesarias? ¿Es líder?

• ¿Puede atraer, capacitar y retener a un equipo extraordinario?

• ¿Es íntegro? ¿Sus valores están alineados con mi fondo?

Ask:

• ¿Qué quieres pedir?

• ¿Cuánto dinero necesitas?

• ¿A dónde los lleva? ¿Cuánto les dura?

• ¿Qué están dispuestos a aceptar en la negociación? ¿Qué no?

Como en cualquier proceso de venta, la forma es tan importante como el fondo, así que les recomiendo cuidar lo siguiente:

Prepárense:

• Investigar tesis de inversión sobre a quién vas a ver. Saber por qué quieres trabajar con ese fondo

• Busca una introducción directa

• Pregunta sobre su proceso de selección

Sé profesional:

• Usa una presentación

• Celebra una reunión en persona. Si no es posible, por video

• Las primeras impresiones cuentan mucho ¡Nunca llegues tarde!

Dale seguimiento:

• Sé persistente
• Siempre envía un agradecimiento
• Todos estamos ocupados…da seguimiento hasta conseguir una respuesta

Por último, algunos datos duros:

En 2015 **CBInsights** realizó un estudio sobre levantamiento de fondos en Silicon Valley que arrojó los siguientes resultados sobre una muestra representiva de emprendimientos buscando fondos: de cada cinco inversionistas contactados, cuatro accedieron a reunirse.

La ronda promedio fue de 1 millón de dólares.

Desde el primer contacto al cierre, pasaron en promedio doce semanas, el *deck* promedio fue de doce laminas y la primera reunión, en promedio, duró 3.4 minutos.

Saca tus conclusiones sobre la importancia de preparar bien las juntas, causar una estupenda impresión, ser contundentes en su presentación y no dejar NADA al azar.

Happy hunting!

Fabrice Serfati
Socio de Ignia Partners

Round 10

Levantando la lana

«¿Para qué bailar con alguien durante diez rounds si puedes noquearlo en uno?».

Rocky Marciano

Se venía la hora de la verdad. Eran muchas las horas que le habían metido a formular su estrategia para levantar capital, desde la lista de posibles inversionistas, hasta las presentaciones, claro que sin contar con todo el jale detrás que les permitía tener una buena historia, así como números increíbles. Y, otra vez, pero ahora siguiendo los consejos de Virgilio, iban a levantar (recolectar) el dinero.

Comenzaron con los peces chicos, aunque bien tenían en mente que, si el pez grande se sumaba, otros lo seguirían. Prefirieron irse por la vía más fácil, que era comenzar a recibir los primeros pesos y, una vez que la pelotita estuviera girando, entonces podrían irse por el pez grande. Comenzaron por enviar un mail a varios de sus amigos, familiares y prospectos, tal cual les había enseñado Virgilio. Aunque antes de esto fueron con Bernardo para intentar convencerlo de darles los 100 mil pesos prometidos como nota convertible.

Bernardo los recibió y ambos aprovecharon para presentarle la *investors deck*, que cumplió su propósito a la perfección ya que, cuando terminaron, le platicaron a Bernardo un poco sobre la nota convertible y le expresaron los beneficios que traerían para todos el hecho de hacer de esos 100 mil pesos los primeros de varios como inversión en la *startup*, a través de la nota convertible. Para Bernardo, pues le daba la posibilidad de tener mayores rendimientos en caso de que el emprendimiento fuera un éxito y, para ellos, haría que otros inversionistas se sumaran más fácil y rápido ya que comunicarían bastante credibilidad al tener a Bernardo *onboard* con los primeros 100 mil pesos. Claro que, a todo esto, sumándole que, si fijaban los términos de inversión con Bernardo, se ahorrarían las negociaciones con los otros inversionistas ya que les ofrecerían exactamente los mismos términos y condiciones.

A Bernardo le gustó y quedaron en que les daría no 100, sino 500 mil pesos, usando una nota convertible con un interés anual de 10%, una valuación máxima de 15 millones de pesos *(pre-money)* con un descuento del 20%, con la idea de que, si no recibían una futura inversión mayor al equivalente de un millón de dólares en menos de 18 meses, entonces el inversionista tendría la opción de pedir (cobrar) su capital con el interés correspondiente o bien convertir el capital mas su interés por acciones de la empresa a una valuación determinada por la siguiente formula: utilidad bruta total por 10; o la valuación máxima de 20 millones de pesos.

Pre-money valuation o valuación antes de la inversión

Pre-money	Lo que vale la empresa antes de recibir la inversión	15 millones
Inversión	El capital que se le está dando a la empresa	0.5 millones
Post-money	Lo que valía la empresa más el capital invertido es la nueva valuación	15.5 millones

De acuerdo con lo anterior, Bernardo recibiría, si convirtiera su deuda en capital a la valuación máxima de la empresa, el 3.22% de la empresa (500,000 / 15,500,000).

Ambos emprendedores salieron de la reunión más que contentos, pues no solo tenían ya a su primer inversionista, sino que habían comprobado o validado que la presentación comunicaba lo que querían expresar de manera correcta, la nota convertible era fácil de explicar y los términos amigables tanto para el inversionista como para ellos.

Un paso más cerca del objetivo:
500,000 de 1,500,000

> *Hola, [nombre del inversionista]:*
>
> *Hace un par de meses comencé un nuevo negocio junto con [nombre del socio] y me gustaría platicarte un poco para explorar la oportunidad de invitarte como inversionista. Bernardo Legorreta ya invirtió en nuestra empresa.*
>
> *Medex es un [elevator pitch]. Esta es nuestra situación al momento:*
>
> > *1. Tenemos + 90 clientes recurrentes mensuales*
> >
> > *2. Vendemos 90 mil pesos mensuales*
> >
> > *3. Hemos crecido 100% todos los meses desde que iniciamos*
>
> *¿Me regalas quince minutos para una llamada y explicarte más a detalle? Te propongo las siguientes opciones:*
>
> > *1. Martes entre 4:00 y 8:00 pm*
> > *2. Miércoles entre 9:00 am y 1:00 pm*
> > *3. Jueves entre 10:00 am y 12:00 pm*
>
> *Saludos*

Recordaron que el objetivo del correo es obtener una respuesta lo antes posible, para así programar una llamada que les ayudara a identificar si la persona pudiera ser un buen prospecto o no.

Fueron muchos los correos que enviaron, así como muchas las respuestas negativas, aunque algunas de ellas positivas. Entendieron rápidamente que recibir una respuesta negativa no significaba que su negocio no fuera interesante para el inversionista, sino que no todos estaban en ese preciso momento preparados para realizar una inversión. El hecho de buscar una llamada lo más pronto posible les ayudó bastante, ya que en cuestión de días tenían una lista de posibles interesados con quienes ya habían hablado por teléfono y lo que seguía era reunirse para mostrarles la presentación e invitarlos formalmente a sumarse como inversionistas.

Sumaron a otros siete inversionistas claro que recibiendo algunos 'no' en el camino.

La parte «fácil» del emprendimiento

El primero en entrarle fue Juan Pablo, que les dijo:

—Si voy a Las Vegas y apuesto lo mismo cada dos o tres meses, ¿por qué no mejor dártelos a ti? Cuenta con 100 mil pesos de mi parte.

Esto después de platicar un poco sobre el mercado en general. Juan Pablo quería saber cómo se había comportado el mercado en el pasado y cómo pintaba el futuro. Para entender eso les hizo las siguientes preguntas:

1. ¿Cuál es el tamaño del mercado en México y Latinoamérica? ¿Cuál es el **TAM**?

2. ¿Cuál es el tamaño del mercado nicho inmediato en México?

3. ¿El mercado ha disminuido o crecido en los últimos años? ¿A qué ritmo o en qué porcentajes?

4. ¿Ahorita es un buen momento para apostarle a un emprendimiento en este mercado? ¿Por que?

5. ¿Qué va a pasar o está pasando para que el mercado crezca en los próximos diez años?

TAM -
Total Addressable Market

El TAM o Total *addressable market* es un numero, un numero que representa el tamaño total del mercado, es decir, si alguien tiene el 100% del mercado ¿cuánto dinero estaría vendiendo? Por lo general una buena y sencilla manera de sacarlo es de la siguiente forma:

1. ¿Cuántos posibles clientes para tu producto existen en el mundo o en la zona geográfica?

2. ¿Cuánto cuesta tu producto?

3. La respuesta al punto 1, multiplicada por la respuesta al punto 2, es el TAM anual.

*Vamos a suponer que el producto tiene una vida útil de un año.

Un paso más cerca del objetivo:
600,000 de 1,500,000

El siguiente fue Andrés, que le dijo a Toño, para abrir con el proceso:

—Pablo y Humberto te quieren mucho y yo los considero unas superpersonas, por eso, te voy a dar 100 mil pesos.

Pablo y Humberto eran amigos que tenían en común Andrés y Toño. Gracias a eso, la conversación fue rápida y, en este caso, la decisión fue simplemente por la confianza que dos amigos cercanos de Andrés le tenían a Toño. Lo único que le interesaba saber a Andrés era cómo podía ayudarlos. Terminó diciendo:

—¿Qué necesitan de mí además del dinero?

Era un inversionista como pocos. Ideal.

Un paso más cerca del objetivo:
700,000 de 1,500,000

Jorge fue otro de los inversionistas que, aunque dudó un poco en entrarle, siempre había apoyado mucho a Nacho y lo conocía desde hacía bastantes años. Y esa vez lo volvió a apoyar.

—¿Cuál es el ticket mínimo de inversión? —le preguntó.
—Cien mil pesos —le dijo Nacho.
—OK, yo te pongo esos 100 mil pesos.

Las preguntas más importantes para Jorge tenían que ver con la tecnología:

1. ¿Ya tienen un producto tecnológico que funcione? ¿Qué funciona y qué no?

2. ¿Cuáles son los siguientes pasos en cuanto al desarrollo tecnológico? ¿En qué aspectos tecnológicos van a usar el dinero?

3. ¿Ya probaron lo que tienen hasta hoy? ¿Cómo saben que funciona?

Un paso más cerca del objetivo:
800,000 de 1,500,000

El próximo valiente fue José, el amigo de Andrea. Este inversionista valía por dos porque, si él le entraba, Andrea también. José conocía bastante del mundo de las *startups* y sobre *venture capital*, por lo que les hizo bastantes preguntas referentes a la tracción, los números, la tecnología, el mercado y su acuerdo de socios fundadores. En cuanto al mercado y la tecnología fueron preguntas muy similares a aquellas que les habían hecho Jorge y Juan Pablo.

Las preguntas que José les hizo sobre la tracción y los números fueron las siguientes:

1. ¿El problema es real? ¿Cómo saben? ¿Qué hicieron para poderme decir que las personas realmente batallan en comprar estos medicamentos?

2. ¿Su producto realmente soluciona el problema del cliente? ¿Cómo saben? ¿Qué ha pasado?

3. ¿Cuántos clientes tienen? ¿Realmente son clientes? ¿Les están pagando?

4. ¿Cuánto le cobran a cada cliente?

5. ¿Cómo han incrementado la cantidad de clientes y la de ingresos en estos meses o semanas que tienen operando?

6. ¿El modelo de negocios tiene sentido? ¿Pueden construir una empresa rentable?

7. ¿Cuál es su utilidad bruta? ¿De dónde sacan dinero ustedes?

8. ¿Cuántos clientes necesitan para llegar a punto de equilibrio?

9. ¿Cuánto están gastando para adquirir un cliente nuevo? Es decir, ¿cuál es su **CAC**?

10. ¿Cuánto estiman que va a gastar el cliente con ustedes en toda su vida?

11. ¿En cuántas compras o cuántos meses van a sacar más dinero del cliente de lo que se gastaron en adquirirlo? Es decir, ¿cómo esta el **ROI** de ese CAC?

12. ¿Qué van a hacer para seguir creciendo al mismo ritmo o mayor que el que tienen ahorita?

13. ¿Qué es más importante en este momento: llegar a punto de equilibrio o crecer el número de clientes?

14. ¿Cuáles son los gastos fijos? ¿Cuánto se pagan ustedes? ¿Por qué se pagan esa cantidad? ¿Tienen bonos? ¿Cómo definieron esos bonos?

Las preguntas eran muchas y no para todas tenían la respuesta, pero a José le gustaron bastante las respuestas que le dieron, así como las respuestas cuando no tenían una respuesta: «No sé, pero gracias por preguntarlo, tenemos que averiguar cómo está eso o qué hacer al respecto».

Lo más importante y lo más valioso de la conversación con José no fueron las mil preguntas que les hizo respecto a la **tracción** y los números, sino el requisito de *vesting* que les puso para su inversión e involucramiento en la empresa, ya que a él le interesaba mucho, en el caso de invertir, reunirse con ellos una vez al mes para ayudarlos.

—Ya me platicaron sobre su acuerdo de socios, que me parece correcto, pero ¿tienen ***vesting*** de acciones? —les preguntó, por último.

—¿Qué es eso? —respondieron los dos socios al mismo tiempo.

Es una forma de ganarse acciones de una empresa o el derecho de compra de estas.

—En el caso de ustedes, que ambos son socios y comenzaron esta empresa juntos con un 55% y 45% el *vesting* podría funcionar así, aunque voy a tomar solo el caso de Nacho, pero aplica igual para Toño. Bien, vamos a suponer que Nacho tiene no el 55 sino el 60% de la empresa. Si pensamos en *vesting*, Nacho ahorita no tiene nada, es decir, tiene el 0% de la empresa, lo que tiene es la posibilidad de ganarse el 60%, siempre y cuando cumpla con el acuerdo de socios que firmaron.

La mirada de ambos fue de curiosidad.

—Sí, se va a ganar ese 60% en los próximos cuatro años (es el periodo más común). Entonces, cada año Nacho se ganará el 25% del total que puede ganarse. Es decir, el 15% de la empresa. Al terminar el año uno Nacho tendría el 15% de la empresa. Al terminar el segundo año el 30% y así hasta tener el 60%, si él deja de trabajar en la empresa en el tercer año pues solo se queda con lo que se haya ganado hasta ese entonces y no el 60% completo.

Explicado así les quedó más claro y hasta les gustó la idea. Luego siguió:

—El *vesting* es muy bueno no solamente para la empresa sino también para los mismos socios fundadores, los accionistas y los empleados porque asegura que los socios se queden trabajando en la empresa y tengan un incentivo real para mantenerse ahí de lo contrario uno podría decidir el día de mañana irse a trabajar a Google y quedándose con el 55% de la empresa. Esto protege a todos.

—Ah, bien, ya entiendo. Pues para mí tiene sentido, así que creo que sí podríamos agregarle al acuerdo que tenemos esta parte del *vesting*. ¿Tú cómo ves, Nacho?

—Me gusta.

—Buenísimo, entonces, si me mandan el acuerdo de socios firmado con el *vesting* yo le entro con 100 mil pesos.

Dos horas después le enviaron a José el acuerdo firmado con el *vesting*, luego de haberle llamado a Mario, su abogado —que era bastante bueno y rápido— para que les agregara eso al acuerdo que ya tenían, lo firmaron de volada, lo escanearon y se lo enviaron a José. Esa junta y ese acto les dio no solo los 100 de José, sino otros 100 de Andrea.

Un paso más cerca del objetivo:
1,000,000 de 1,500,000

Todo iba saliendo superbién, iban muy bien y solo les faltaban 500 mil pesos.

Toño no asistió a la siguiente reunión porque el negocio iba cada vez mejor y esto se traducía en más trabajo y, al no tener todos los procesos claros y recursos necesarios era un verdadero caos.

Nacho se vio con Rodrigo, una persona que ya había hablado con ellos y parecía entender lo que platicaban, pues él tenía una hija que padecía de diabetes. Fue una conversación muy rápida, pero al escuchar el avance que estaban teniendo, el crecimiento que mostraban día a día con sus clientes y lo rápido que estaban levantando el dinero, la junta terminó en un sí. Lo más importante para Rodrigo no fueron los números sino el mercado, porque él lo conocía y conocía el problema de primera mano, porque cuando iba a la farmacia a comprar las medicinas de su hija, se topaba con los que los emprendedores estaban solucionando. Por eso le dijo «Me caíste bien, te voy a dar 200 mil pesos».

Un paso más cerca del objetivo:
1,200,000 de 1,500,000

Nacho y Toño no se la creían. Parecía que levantar capital era algo fácil, pero claro, no estaban tomando en cuenta todo lo que habían hecho, lo que se hallaba detrás de cada reunión y cada peso que estaban recibiendo. No estaban contando el trabajo y la estrategia, cuánto esfuerzo habían puesto, no solamente en las presentaciones, sino también en momento o momentos de pedir el dinero, para qué pedirlo, a quién pedírselo, cómo pedirlo, cómo programar las reuniones, que información dar y cuándo soltarla, entre muchas otras cosas más que aprendieron a trancazos, con lecciones, en visitas y con la buena fortuna de toparse con quienes habían querido ayudarlos.

Por último, fueron con Rubén, una persona increíble, un señor bastante inteligente y gran empresario que había logrado crecer muchísimo la empresa que fundo su papá. A él le encantó lo que traían, cómo lo habían presentado, comunicado, estructurado y demás. Se notaba que sabían lo que estaban haciendo y no solamente quería apoyarlos, sino también subirse al cohete, ya que consideraba era uno que iba a llegar a la luna si no es que a Marte. A pesar de todo esto, hubo una cosa que no le pareció.

—¿Cómo que solo tendría el 1.66% de la empresa? Yo al menos quiero el cinco —les dijo eso, pero no en mal plan, sino con una verdadera curiosidad de negocio.

—Pues sí, si cuando sea tiempo de convertir la deuda en acciones la valuación de la empresa es la valuación máxima, es decir, los 15 millones *pre-money*, entonces sí, solo tendrías el 1.66%. Ahora que, si la valuación es más baja por cualquier situación, entonces tendrías más —dijo Nacho, bastante seguro de sí mismo.

—Por eso, claro, pero a mí me conviene que la valuación sea mayor, es decir, si les va muy bien, la valuación debe ser mayor y yo prefiero tener un porcentaje chico de un pastel grande que un porcentaje grande de un pastel chico.

—Exacto —dijo Nacho.

—Sí, pero yo no quiero tener el 1.66%, quiero tener al menos 5% —le respondió Rubén.

—¿Cómo?

—Sí, no me interesa darte dinero para solamente tener ese porcentaje. ¿Cuánto tengo que darte para tener el 5%?

—Pues tendrías que darnos 790 mil, ya que si al *pre-money* de 15 millones le sumas 790 mil, entonces el *post-money* es 5,790 mil y tus 790,000 equivaldrían al 5%. Pero no necesitamos tanto dinero, solo nos faltan 300 mil.

—Bueno, pues piénsenlo, yo les ofrezco darles 790 mil para quedarme al menos con el 5%. Lo que realmente me interesa es aprender. Ustedes traen un chip diferente y una forma rara de hacer negocios que se me hace muy interesante. Quiero estar ahí pegado para entender cómo funciona ese mundo de las *new beginners*.

Nacho pensó en corregirlo, no eran *new beginners* sino *startups*, pero prefirió quedarse callado.

Nacho y Toño salieron de la reunión algo confundidos porque, al parecer, Rubén quería tener el 5%, aunque para ellos no tenía mucho sentido. Lo que la lógica de ambos emprendedores les decía era que lo importante para un inversionista no era el porcentaje, sino meter un peso y sacar más de un peso, entre más, mejor, obviamente, sin importar el porcentaje que le tocara, sin importar lo que ese peso representara en la empresa. Pero se habían encontrado con un inversionista que estaba viendo el porcentaje por encima del peso invertido. Algunos posibles inversionistas les habían preguntado «¿Cuanto vale el punto?», es decir, el porcentaje, y lo que les importaba era el valor de ese punto, pero a Rubén no le importaba mucho, lo que él buscaba era ese 5%.

Llamaron a Virgilio, le platicaron lo que acababa de suceder y pidieron su opinión. Antes de contestarles, Virgilio los felicitó por el avance, no solamente por la ronda de capital que estaban por terminar con éxito, sino también por el crecimiento que habían logrado mantener en la empresa. Les dijo que, si ellos le permitían, le gustaría invertir los 300 mil pesos que les faltaban para completar el millón y medio de pesos. Claro que esto fue lo mejor que Nacho y Toño pudieron haber escuchado salir de la boca de Virgilio, porque esto quería decir que él realmente creía en ellos y que les veía el potencial de crear algo grande. El 'sí' se lo dieron los dos inmediatamente, porque claro que querían tener a Virgilio como inversionista.

Misión cumplida:
1,500,000 de 1,500,000

Virgilio les dijo también que él creía que valía la pena aceptar la oferta de Rubén, porque era una persona increíble y un gran empresario. Además, encima del valor que él traía a la mesa como inversionista, nunca estaba de más tener algo de dinero extra, ya fuera como colchón o como posibilidad para invertir de forma más agresiva en el crecimiento de la empresa.

Esa misma tarde le enviaron un correo a Rubén para decirle que se sentirían contentos de recibir su inversión de 790 mil pesos y sumarlo al barco como inversionista.

Misión cumplida (de sobra):
2,290,000 de 1,500,000

La etapa de levantar capital había terminado, todo parecía ser fácil, pero, como en cualquier deporte, si entrenas, sufres y te preparas, el partido o la pelea se sentirá sencilla, como si fuera lo más fácil del mundo. Ahora debían regresar sus esfuerzos a operar y crecer la empresa.

Takeaway del Round 10

Puedes ser el vendedor más fregón del mundo, pero si te falta preparación y tus números son imprecisos, ser un vendedor fregón tiene sus límites. Nacho y Toño hicieron su tarea y, por ende, mejoraron sus posibilidades para lograr el objetivo. Hasta para decir «no sé» hay que contar con una estrategia cuando se trata de levantar capital. Además, no se precipitaron en decir «sí» cuando les hicieron una contrapropuesta (Rubén) cuyo impacto, en ese momento, desconocían.

Ahora, dicho esto, cuando recibas una negativa de un inversionista, no lo tomes personal. Es positivo que expongan sus motivos para la negativa, así que evita «clavarte». Una y otra vez he visto a emprendedores que hacen los cambios recomendados por el inversionista y, al regresar, este tiene una nueva excusa para darles capital. Escucha, pero sigue tus instintos y sé firme.

Por otra parte, es importante regresarse un poco. Existen emprendedores con la idea de que la solución a TODO, es levantar capital. Lo cierto es que no todos los negocios necesitan inversionistas. Solo los que estén ESCALANDO. Esos necesitan inyectarle dinero a la empresa para mejorar el producto, crecer el equipo, conseguir clientes..., y así capturar mercado más rápido. Si no escalas, jamás podrás regresarles el capital a tus inversionistas. Punto.

Al analizarlo con mayor profundidad, las personas que decidieron invertir en Nacho y Toño tuvieron un común denominador. Porque ni la tecnología, ni el tamaño del mercado, ni los porcentajes fueron determinantes para convencerlos de la inversión. Al final, los inversionistas toman su decisión a partir de una sola palabra: confianza. Esencialmente, confianza en los emprendedores. En ellos y en su capacidad, honestidad, dedicación, y talento. Nacho y Toño podrían contar con un producto que revolucionará el sector médico, pero si algo sale mal, los inversionistas necesitan sentir la confianza de que Nacho y Toño serán capaces de detectar el problema, honestos para comunicárselos, dedicados para encontrar una solución y aptos para resolverlo. Todo el proceso de levantamiento de capital gira en torno a la confianza.

Fernando Franco
Cofundador de Tercos Media y director de PuenteLabs

Round 11

¡A darle!

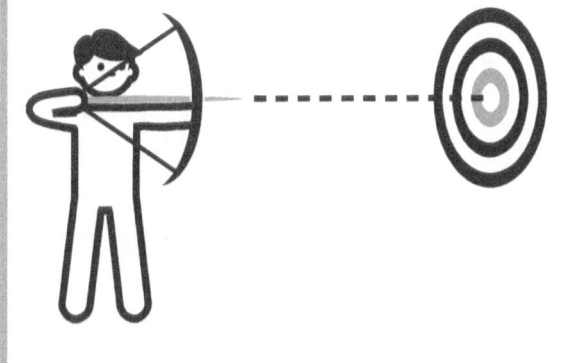

«El éxito siempre se reducirá a esto: enfoque y esfuerzo, y ambos los controlamos».

Dwayne «The Rock» Johnson

Con la inversión reunida, lo siguiente sería regresar el enfoque a la operación y al crecimiento de la empresa. La parte fácil, convencer a gente rica de invertir dinero, había terminado. Aunque, claro, lo anterior es algo bastante complicado, no es comparable con lo difícil que es emprender un negocio de forma exitosa no solo para los emprendedores sino también para los inversionistas. Digo esto último ya que el negocio puede dar lo suficiente como para pagarle un buen sueldo a los emprendedores, pero esto no quiere decir que dé suficiente como para regresarle su dinero y mucho más a los inversionistas, que es, a fin de cuentas, lo que esperan quienes hacen *venture capital*. Cuando se invierte con alto riesgo se esperan altos retornos, no estamos hablando de 10% o 20% de retorno anual, sino de 10, 100 o 1,000 veces la inversión en un periodo entre cinco y diez años, si «anualizamos» eso, nos da a un retorno entre el 26% y el 1,000%

Lo primero que Nacho y Toño debían hacer era reclutar a su *A Team*. Así como no esperamos que personas normales, sino los Avengers derroten a Thanos, tampoco esperamos que un equipo sin superpoderes logre construir una empresa como Facebook, Amazon, Waze, y muchas otras similares. Y esto lo habían aprendido durante el proceso de levantar capital, que lo más importante de un emprendimiento es el equipo. Por lo tanto, debían reclutar al mejor equipo posible y eso significaba analizar de verdad a cada una de las posibles contrataciones e incluso pensar en ofrecerles *equity* para convencerlos de que el riesgo y el cambio de trabajo valía la pena. Debían ofrecer ese *equity a vesting*, tal y como ellos habían modificado en su propio acuerdo de socios según a lo que José les había enseñado.

Decidieron comenzar por hacer una lista con las tareas que debían ejecutar durante los siguientes meses y dibujar en el pintarrón la estructura organizacional que según ellos debían tener en tres meses.

Ya que entendieron qué hacer y cómo debía verse una *startup*, comenzaron con los esfuerzos para reclutar gente. En este punto fue donde todos los inversionistas se arremangaron y les ayudaron a encontrar a esas personas. Pusieron de su parte, desde contactarlos directamente con quienes creían que podrían ser buenos candidatos, gente dentro de sus mismas empresas, preguntando a otros emprendedores en quienes habían invertido, hasta recomendando agencias de reclutamiento. Rubén, uno de los inversionistas, era profesor de emprendimiento en una excelente universidad privada de México y les platicó a sus alumnos ya graduados de la posibilidad de trabajar para un par de emprendedores que apuntaban a tener mucho éxito. Les dijo que acababan de levantar capital y esperaba que crecieran la *startup* como locos durante los próximos meses. Para él, esta era la mejor manera de aprender a emprender, trabajando para un emprendedor exitoso en el momento de mayor crecimiento de su empresa. Por eso se los recomendó con tanto entusiasmo.

Rubén siempre daba el ejemplo de *The PayPal Mafia*, el grupo de emprendedores, socios y primeros empleados de PayPal que, después de venderla, construyeron grandes empresas y consiguieron logros increíbles. Lo anterior en mayor parte porque aprendieron bastante durante su trabajo en PayPal, mantuvieron las conexiones, la red de contactos, y la enorme cantidad de dinero que se ganaron cada uno de ellos.

Otra cosa que debían de hacer era cuestionar lo eficientes que debían de ser con el dinero. Y aunque suene extraño, la mayoría de las personas diría que debemos ser lo más eficientes posibles, Nacho y Toño recién había leído un articulo de HBR titulado *Blitzscalling* [2]. En el artículo se describen situaciones en las que la estrategia de crecimiento correcta no es disminuir el CAC, sino crecer lo más rápido posible sin importar que se pierda más dinero en el crecimiento, siempre y cuando ese crecimiento se traduzca en una ventaja competitiva importante en la industria que permita generar grandes utilidades en un futuro a mediano plazo.

---

2 https://hbr.org/2016/04/blitzscaling

Blitzscalling son las acciones que realizas cuando tienes que crecer muy muy rápido. Es el arte y la ciencia de crear una empresa rápidamente para satisfacer a un mercado muy grande, por lo general, un mercado mundial, con el objetivo de ser el primer gran jugador en el mercado.

Reid Hoffman

Debían entonces enfocar sus esfuerzos en tres cosas, y para eso les faltaban tres responsables. Ya que contaban con el dinero necesario para construir la empresa de la manera correcta, podrían contratarlos.

1. Debían **crecer la base de usuarios** (independientemente de que fuera utilizando una estrategia de *blitzscalling* o no), para lo que necesitaban a alguien encargado del *growth hacking* y marketing.

2. Necesitaban también **asegurar que la experiencia de compra y modificación de pedido del usuario fuera la mejor del mundo,** para lo que necesitarían a alguien que se encargará de la tecnología y el producto.

3. Y, por último, a un **responsable de las operaciones,** desde la compra del medicamento hasta la entrega en las manos del cliente.

En resumen, necesitaban idear la manera de tener un excelente producto de la mano de una logística perfecta para ofrecer una gran experiencia al cliente, de forma que cada mes incrementaran su base de clientes al menos en un 25% durante los próximos 12 meses. Y esto era solo el principio.

Takeaway del Round

11

El momento en que se recibe inversión para arrancar un proyecto es una gran satisfacción. Se siente que el mundo está de tu lado y que los inversionistas creen lo suficiente en tu idea para arriesgar su dinero. Por más que todo eso deba festejarse, es importante ser consciente de que es solo el comienzo de los retos que siguen.

De ese momento en adelante la existencia de la empresa estará regida por una simple ecuación: cantidad de capital restante dividido entre gastos mensuales. El resultado será la cantidad de meses restantes para que se acabe el dinero. Antes de eso, es necesario lograr una de dos cosas: que la empresa se sostenga con sus propios ingresos (*break-even*), o haber validado suficiente el mercado para hacer otra ronda de inversión.

Para ambos casos, recuerda que las proyecciones y los tiempos casi siempre están mal, dado que es un producto nuevo en un mercado nuevo y van a surgir muchos eventos inesperados en el proceso. Por eso, el gasto mensual se debe de tomar con extrema precaución.

En muchos casos, el mayor gasto recurrente va a ser la nómina. Ventas o no, la nomina se paga y, por ende, debe cuidarse la cantidad de contrataciones. Al principio puede parecer buena idea contratar elementos para todos los puestos planeados y pensar que cualquier cantidad menor estaría frenando la velocidad de ejecución, pero es importante recordar que el camino no se ha definido todavía. Habrá que mantener una cierta flexibilidad, tanto organizacional como financiera, para virar conforme se va definiendo la dirección del negocio.

Ahora, aunque los primeros empleados pueden ser cualquier persona, son igual de importantes que los fundadores. Como se dice en este round, tiene que ser un A Team: un equipo con el que supieras que, si te dejan en medio de la jungla, lograrías sobrevivir y salvarse todos. Esto es porque se enfrentarán a momentos difíciles y de alta presión, y será necesario contar con tu equipo cuando más los necesitas. El filtro debe ser lo más cercano posible al famoso anuncio que publicó Ernest Shackleton en el periódico para la primera expedición en llegar al polo sur[3].

Con un equipo ingenioso, perseverante, que cree en la misión, y comparte tu visión del futuro de la empresa, tus probabilidades de éxito suben radicalmente.

Toño Longoria
CEO y fundador de Skysset

---

3 http://heartstonejourney.com/men-wanted-for-hazardous-journey

Round 12

Todos suman más

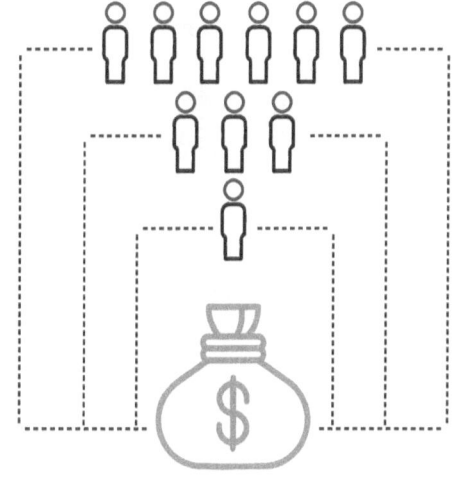

«La meta no existe. Cuando cumplas tu objetivo, busca uno nuevo».

Chuck Norris

Era el cuarto correo que un cliente mandaba diciendo lo siguiente:

> Hola:
>
> Tengo 3 meses con ustedes y estoy muy contento con el servicio que me han dado. De hecho, me gustaría explorar la posibilidad de poderme involucrar de alguna u otra manera con la empresa. Soy diabético, como se han de imaginar, me encanta lo que hacen y quiero ayudar.

Siempre respondían diciendo que les encantaría entrevistarlo para obtener más información y averiguar cómo es que podrían mejorar el servicio o qué otros problemas se presentaban en la vida del cliente que ellos pudieran resolver como haciendo *up sell*.

Up sell

Una técnica de ventas para venderle mas cosas al mismo cliente con el objetivo de incrementar la venta total. Por ejemplo, el combo de hamburguesa, papas y refresco es un *up sell* donde el cliente quería una hamburguesa, pero terminó comprando también las papas y el refresco.

En las entrevistas se habían dado cuenta de que algunos, de que todos los clientes estaban más que dispuestos para referenciar a la empresa con sus conocidos e inclusive algunos ya lo habían hecho. También hubo quienes les preguntaron si podían invertir en el negocio ya que por lo que creían que era un negocio muy bueno. Pero pues ahí quedó.

Unas semanas mas tarde, en un evento para emprendedores, se toparon a otra emprendedora llamada Lucía. Entre cerveza y cerveza, al final del evento, Lucía les platicó de su emprendimiento, que era una de las primeras plataformas de *equity crowdfunding* de Latinoamérica. Nacho y Toño no tenían ni idea de lo que era el *crowdfunding* y menos el *equity crowdfunding* pero después de algunos minutos de plática por fin entendieron a Lucía. Básicamente, el *equity crowdfunding* es una forma de levantar capital en partes pequeñas de diferentes personas a través de internet, es decir, así como compran zapatos por Zappos.com bien podrían destinar esos 600 pesos para invertir en una *startup*.

Crowdfunding y equity crowdfunding

El *crowdfunding* es la financiación colectiva de un nuevo proyecto a través de internet. Cuando se trata de *equity crowdfunding*, quiere decir que a cambio de ese dinero se van a entregar acciones de la empresa.

Aquí fue donde a Toño se le ocurrió una idea muy buena: ¿y si hacían una campaña de *equity crowdfunding* donde invitaran a sus clientes actuales a participar como inversionistas en la empresa? No porque necesitaran el dinero –ya tenían más de lo que necesitaban– e incluso estaban a unas semanas de convertirse en una empresa rentable, pero esto tendría los siguientes resultados:

Algunos clientes se volverían inversionistas y estos serían leales a la marca. Estos mismos clientes tendrían el incentivo de referenciar a otros para que estos compren a través de Medex y así crecerían muy rápidamente como una estrategia de *blitzscalling* pero donde a parte de crecer como locos se estarían capitalizando. Claro que pondrían una valuación de la empresa bastante más alta que el CAP que habían usado anteriormente con los inversionistas y toparían la inversión total a recibir en 500 mil pesos, así como la aportación individual en 5 mil pesos ya que lo que buscaban eran más clientes leales que los ayudaran a crecer lo mas rápido posible, más que el dinero en sí que realmente no necesitaban.

Decidieron poner en marcha el plan y, como era costumbre, cuando una nueva cosa salía ese día trabajaban hasta las dos de la mañana, no se quedaban más tarde por que a ambos les gustaba estar temprano a primera hora trabajando al otro día.

- **Hacer la campaña de** *crowdfunding* **era:**

    1. Elegir la mejor plataforma para hacerlo y registrarse en ella.

    2. Contar la historia de Medex y explicar cómo Medex resuelve un problema a los diabéticos y el día de mañana a otros pacientes con enfermedades crónicas.

    3. Ofrecer un beneficio, en este caso: cierto porcentaje de *equity* o cierto numero de acciones a cambio de la inversión.

    4. Definir una meta de fondeo o de capital a levantar.

    5. Marketing de la campaña de *crowdfunding*, que, en su caso seria a través de correos a su base de clientes, así como un papel impreso a la antigua que mandarían con cada paquete de medicinas en la siguiente entrega.

    6. Informar a los fondeadores y a los posibles fondeadores de como es que va progresando la campaña de *crowdfunding*. Esto de igual forma lo harían a través del correo y los paquetes de medicamento.

    7. Llegar a la meta y sumar a los nuevos inversionistas.

Esto no sucedería de un día para otro, así es que al igual que todo esfuerzo en el mundo emprendedor, los resultados tardarían en llegar. Por lo pronto, había que seguir jalando.

Takeaway del Round 12

Existen varios tipos de *crowdfunding*, así que, si estás pensando en hacer una campaña es muy importante que entiendas los pros y contras de cada uno de ellos, ya que son radicalmente diferentes. Principalmente hay de *equity* o acciones; de recompensas o preventa de producto; y de deuda. No te dejes engañar por una simple palabra, pues en la definición de la empresa puede hacer mucha diferencia. Esta es una tabla que te ayudará a entender los beneficios y diferencias de los modelos.

	Equity	Recompensas	Deuda
Empresa ejemplo	*Play Business*	*Kickstarter*	*NA*
Hay en México	Sí	Sí	No
¿Cuánto dinero puedo levantar?	Mucho	Poco	Moderado
¿Para qué empresas es ideal?	B2C Y B2B	B2C	B2C Y B2B
¿Para qué puedo usar le dinero?	• Crecer la empresa • Crear un producto • Comprar maquinaria • Hacer nuevas líneas de negocio	• Crear un producto • Maquilar un producto	• Inventario (principalmente)
¿Qué doy a cambio?	Acciones	Compromiso de entregar un producto	Un bien inmueble en garantía
¿Qué es lo mejor del modelo?	Que obtengo miles de embajadores y mucho dinero	Que no me diluyo en acciones	Que no me diluyo en acciones

¿Qué es lo peor del modelo?	Que al obtener cientos de inversionistas ahora tengo que reportar y ser mucho más serio con la administración de la empresa	Que solo sirve para algunas empresas, solo recibo poco dinero y la carga administrativa puede ser gigantesca	Que si no puedo pagar me quitan el inmueble
Casos de éxito	BrewDog	Pebble	NA

Joan Segura
CEO and Cofounder - Play Business

Lo importante es que no te asustes. Ser emprendedor es investigar y tomar la mejor decisión con la información que tienes. Por el momento, yo te digo que hacer una campaña de *equity crowdfunding* como lo hicieron Nacho y Toño es una gran idea, ya que con esto comenzaron una bola de nieve que les resultará en cientos de nuevos usuarios y un crecimiento acelerado para la compañía. Haber tomado esta decisión les ayudará a crecer, levantar más inversión y crear un mejor producto.

Personalmente, como fundador de una *startup* que ha levantado dinero institucional, de ángeles mexicanos y extranjeros y ha hecho crowdfunding en México y en Europa, quisiera decir que el *crowdfunding* debería entenderse como un complemento, no como la solución mágica a todo, pero tampoco lo es un ángel o un VC. Cada uno tiene sus beneficios y, sin duda, el más importante es que si consigues 500 inversionistas, estás consiguiendo 500 personas que consumirán tus productos más que nadie y que hablarán tan bien de tu marca que en promedio cada uno de esos inversionistas invitarán a veinte personas más, logrando así un efecto de más de diez mil nuevos clientes en un periodo menor a un año. No suena nada mal.

Round 13

La receta

«El servicio a los demás es la renta que pagamos por vivir aquí en la tierra».

Muhammad Ali

El éxito de la *startup* era indiscutible, ya estaban en todo el país y comenzaban a hacer planes para expandirse a Latinoamérica. Parecía que ya habían dominado bastantes de los conceptos del emprendimiento y podían resolver más cosas. La gente los reconocía como emprendedores en regla. En esos días Nacho recibió la llamada de un primo que tenía algunos meses sin ver. Adrián quería comenzar un nuevo negocio, llamó a Nacho por teléfono y lo invitó a tomarse un café para pedirle algunos tips. Por supuesto, Nacho aceptó.

Cuando colgó la llamada, Nacho fue a platicarle a Toño y los dos entendieron que les tocaba a ellos servir de apoyo, devolver aquello que habían ganado en su camino, en el arranque más bien.

Nacho le mandó a su primo la confirmación de la cita y, en el mensaje, le pidió que llegara diez minutos antes. Nacho llegó quince antes de la cita y pidió un café negro. En esos cinco minutos, se acordó de lo que había aprendido varios meses atrás y de los trancazos que les habían tocado a él y a su socio. Diez minutos antes de la cita, como habían quedado, entró Adrián.

Aquí están los consejos que le dio Nacho a su primo:

1. Asegúrate de escoger bien a tu socio o socios.

2. Firmen un acuerdo de socios.

3. Elijan bien su mercado y tengan buenas razones para realizar ese emprendimiento.

4. Validen el mercado antes de gastar dinero en construir un producto.

5. Pidan consejos, escuchen y después tomen sus decisiones.

6. Trabajen mucho y trabajen rápido.

7. Si van a levantar capital, háganlo de forma estratégica.
   - a. Preparen buenas presentaciones
   - b. Hagan su lista de inversionistas
   - c. Contáctenlos de manera correcta
   - d. Presionen para obtener una rápida respuesta

8. Levantar el dinero no es ganar, hacer dinero para quien te apoyo como inversionista es ganar. Solucionar los problemas del cliente es ganar. Que tu cliente te referencie con otros clientes es ganar.

9. Siempre piensa en cómo colaborar, por lo general, colaborando logramos más.

10. Sé congruente, responsable, respetuoso y, sobre todo, buena persona, así es como te ganas la confianza de la gente, que es lo más valioso de este mundo.

Los consejos de Nacho eran el comienzo del camino para su primo. Nacho sabía que lo volvería a buscar, que además buscaría a otros emprendedores, a mentores, a quienes ya hubieran recorrido el mismo camino. No esperaba menos. Si algo se habían propuesto Nacho y Toño, además de sus metas como socios, como empresa y emprendedores, era ayudar a quienes los buscaran, servirles de apoyo y ser una fuerza en el arranque de cualquier empresa.

Descarga con esta liga
tu **guía gratis** para
crear tu *elevator pitch*

http://www.tutoassad.com/guia-elevator-pitch.html

Breve epílogo

Escribir este libro fue todo un reto, ponerme fechas límite reales como la presentación del libro en INCmty, contratar a un *book manager* que me ayudara a editar y me jalara las orejas para seguir escribiendo me ayudó bastante. El proceso de escritura y creatividad me gustó mucho, tanto que ya me veo escribiendo el próximo libro sin siquiera saber si este realmente se va a leer. Espero que se lea mucho, pues ya tengo el segundo en la cabeza. Pero claro, no he querido escribir ni una sola palabra hasta que tengas este primero en tus manos.

De verdad te agradezco haberlo leído, espero te sirva mucho y me quedo a tus órdenes. Si tienes una duda no dudes en enviarme un correo o buscarme por redes sociales.

Correo: tuto@tutoassad.com

Este libro es para mí otro emprendimiento.

¡A darle!

Glosario

· *acuerdo de socios:* la biblia para quien emprende.

· *buzz words*: palabras que la gente usa para escucharse más conocedor, culto o con experiencia.

· *capital semilla:* el dinero que necesitas para empezar algo.

· *cold email / cold call:* un intento de establecer comunicación con quien no tienes una relación.

· *emprendedor:* alguien con huevos, que se avienta a hacer algo que involucra riesgo. Por lo general un negocio.

· *empresa:* entidad distinta a los emprendedores. Los emprendedores son parte de la empresa como socios, pero la empresa no es parte de los emprendedores. Es decir: 10 pesos de la empresa no son 10 pesos de los emprendedores y 10 pesos de los emprendedores no son 10 pesos de la empresa.

· *equity:* acciones de la empresa.

· *extended deck:* presentación larga con mucha información.

· *fin de semana:* tiempo para hacer dos cosas de forma balanceada. Jalar como perro y descansar.

· *fondos de capital:* una empresa que invierte el dinero de otros.

· *full-time:* trabajo de tiempo completo que hablando de emprender no son 8 sino 12 horas. Ahorita, mientras escribo esto y termino el libro, son mis 11:30 pm y comencé a trabajar a las 8:30 am.

· *hook deck:* una presentación que tiene como objetivo ganchar o interesar al inversionista.

· *idea:* una cosa que se te ocurrió, muy probablemente, una cosa muy simple. No todas las ideas son buenas ideas.

· *innovación:* una nueva y mejor forma de solucionar algo. También: una manera distinta y mejor de lograr una meta.

· *leads:* posibles personas que crees estarán interesadas en comprar tu producto, servicio o invertir en tu empresa.

· *mailing list:* lista de correos de gente interesada en comprar un producto o servicio.

· *oficina:* lugar donde no debes de estar si estas emprendiendo.

· *producto:* la solución a la necesidad específica de alguien en una situación específica.

· *responsabilidades:* lo que te toca hacer si o si.

· *small talk:* en Latinoamérica te puedes ver rudo si eres demasiado directo, antes de entrar al tema de los negocios tienes que hablar un poco de cosas más amistosas y cotidianas.

· *startup:* una nueva empresa innovadora, independientemente de que sea o no tecnológica

· *sueldos:* dinero que reciben quienes trabajan en una empresa, sean socios, dueños o no.

· *tecnología:* aquello que habilita lo que antes no se podía.

· *tracción:* avance que tengas con tu producto o servicio en el mercado. Cantidad de clientes, usuarios, ventas, etc.

· *valuación:* monto de dinero que vale una *startup* o empresa.

· *venture capital:* dinero que se invierte donde hay riesgo esperando grandes resultados.

www.ingramcontent.com/pod-product-compliance
Lightning Source LLC
Chambersburg PA
CBHW020422220526
45464CB00002B/528